LE

FORMULAIRE COMPLET

Des Propriétaires, Négociants, Industriels, Entrepreneurs, Instituteurs, etc.. etc.

Cet Ouvrage récemment mis au jour par une Société de jurisconsultes et d'avocats, parvenu en moins d'un an à sa 7e édition, laquelle a été revue et augmentée, se vend uniquement par souscriptions recueillies à domicile. Les souscriptions ne sont payées qu'à la réception de l'ouvrage. Il forme un beau volume au prix de 1 fr. 75 c. D'une utilité incontestable, il se recommande de lui même à toutes les personnes qui savent apprécier combien est grand l'avantage de faire soi-même, sans le secours d'aucun homme de loi, tous les actes sous-seings-privés, tels que : *actes de vente, baux, échanges, partages, liquidations, comptes de tutelle, inventaires, bornages, brevets d'apprentissage, devis et marchés, mitoyennetés, procurations, quittances, résiliations de baux, transports, obligations, transactions, testaments olographes, contrats de société, billets à ordre, etc., etc., pétitions, demandes, réclamations,* etc.

On trouve en outre dans l'ouvrage : toutes les lois relatives à chaque espèce d'actes, ainsi que celles sur les vices rédhibitoires pour les ventes et échanges d'animaux domestiques ; le taux des droits d'enregistrement à payer pour chaque espèce d'actes ; la théorie du bornage d'après MM. LEPAGE et PARDESSUS, et une instruction sur les formalités à remplir pour faire les actes sous-seings privés.

PRIX : 1 fr. 75 c.,

PAYABLE A LA RÉCEPTION DE L'OUVRAGE.

On est prié de conserver ce prospectus qui sera repris en recueillant les souscriptions.

Pollet, imp., r. St-Denis, 331, pass. du Caire.

LE
FORMULAIRE COMPLET

DES

Propriétaires, Négociants, Industriels, Entrepreneurs, Instituteurs, etc.,

CONTENANT

1° Tous les modèles des actes qui peuvent être faits sous seing-privé, pouvant servir à faire, sans le secours d'aucun homme de loi, les actes de ventes, baux, échanges, partages, liquidations, comptes de tutelle, inventaires, bornages, brevets d'apprentissage, devis et marchés, cessions de mitoyenneté, procurations, quittances, résiliations de baux, séquestres, nantissements, transports, obligations, transactions, testaments olographes, etc., etc. Avec de nombreuses notes explicatives, et, en tête de chaque formule, le taux des droits d'enregistrement à payer.

2° Des modèles de pétitions, demandes, réclamations, procès-verbaux, etc., etc.

3° Toutes les lois relatives à chaque espèce d'actes. Précédé d'une instruction sur les actes sous seing-privé, leurs effets par rapport aux parties, leurs héritiers ou ayant-cause, leur enregistrement, leurs dates, etc.

***

Deuxième édition, revue et augmentée.

***

PAR UNE SOCIÉTÉ DE JURISCONSULTES ET D'AVOCATS,

SOUS LA DIRECTION DE

M. J. FRÉROT, JURISCONSULTE,

Auteur du Répertoire des lois du voisinage.

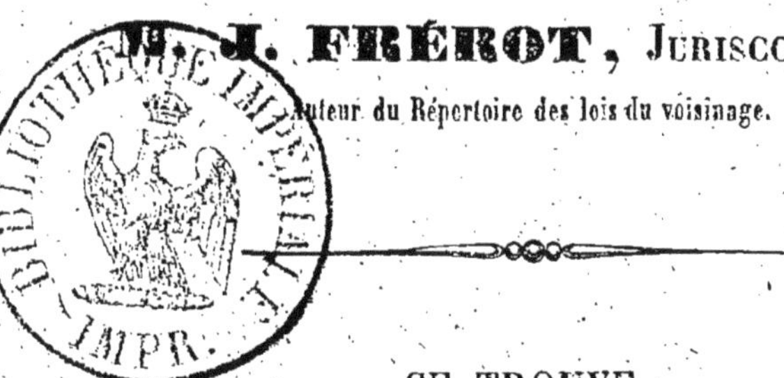

SE TROUVE :

A REIMS, CHEZ E. LUTON, IMPRIMEUR-LIBRAIRE,

PLACE ROYALE, 5;

ET A AUSSONCE (ARDENNES), CHEZ L'AUTEUR.

1852.

Tous les exemplaires non revêtus de la signature de
M. FRÉROT seront réputés contrefaits; et tout contrefacteur
ou distributeur non autorisé sera poursuivi conformément
aux lois.

LE FORMULAIRE COMPLET

DES

PROPRIÉTAIRES, NÉGOCIANTS, INDUSTRIELS, ENTREPRENEURS, INSTITUTEURS, etc.

INSTRUCTION

SUR LES ACTES SOUS SEING-PRIVÉ.

1. — Quels actes peuvent ou ne peuvent être faits sous seing-privé.

Les actes *sous seing-privé* sont ceux qui, comme les actes passés devant notaire, contiennent des conventions, obligations ou décharges, et qui sont rédigés par les contractants eux-mêmes.

Tous les actes en général qui ne sont pas contraires aux lois, aux bonnes mœurs ou à l'ordre public, peuvent être faits *sous seing-privé*, à l'exception des *donations entre-vifs*, des *testaments publics, mystiques* ou *secrets*, et des *contrats de mariage*, qui doivent être passés devant notaire. (Art. 931, 971, 976 et 1 394 du Code civil.)

Nous ne parlons pas ici du testament olographe, qui peut être fait sous seing-privé; mais ce testament ne sera pas valable, s'il n'est écrit en entier, daté et signé de la main du testateur.

2. — Quelles personnes peuvent ou ne peuvent passer des actes sous seing-privé.

Toute personne peut passer des actes sous seing-privé, si elle n'en est pas déclarée incapable par la loi.

Les incapables de contracter sont : les *mineurs;* les *interdits;* les *femmes mariées,* dans les cas exprimés par la loi; et généralement tous ceux à qui la loi a interdit certains contrats.

Cependant le mineur qui a atteint l'âge de seize ans

peut disposer, par testament seulement, et jusqu'à concurrence de la moitié des biens dont la loi permet au majeur de disposer. (Code civil, art. 904.)

Le mineur émancipé peut passer des baux dont la durée n'excède pas neuf ans ; il peut recevoir ses revenus, en donner décharge, et faire tous les actes qui ne sont que de pure administration, sans être restituable contre ces actes dans tous les cas où le majeur ne le serait pas lui-même. (Code civil, art. 481.)

Nous avons dit plus haut que les femmes mariées ne pouvaient contracter ; cependant, celles qui sont séparées de biens avec leurs maris, soit par contrat de mariage, soit judiciairement, peuvent contracter des baux et faire tous actes d'administration.

Les femmes mariées, *séparées de biens ou non*, peuvent encore disposer par testament, sans le consentement de leurs maris et sans l'autorisation de la justice.

3. — Formalités des actes sous seing-privé.

Tous les actes sous seing-privé doivent être faits sur papier timbré.

Les billets à ordre ou au porteur, les mandats, mandements et tous autres effets négociables ou de commerce, même les lettres de change tirées par seconde, troisième et duplicata, et ceux faits en France et payables chez l'étranger, doivent être faits sur papier au timbre proportionnel en raison des sommes et valeurs y portées.

Les autres actes sous seing-privé doivent être faits sur papier au timbre fixe ; le plus communément employé est la demi-feuille à 35 centimes, ou la feuille de 70 centimes, suivant l'étendue du contrat.

Les livres de commerce sont exempts du timbre. (Art. 4 de la loi du 20 juillet 1837.)

Les actes sous seing-privé doivent contenir les noms, prénoms, professions et demeures des parties qui figurent dans l'acte, l'énonciation des conventions qui en font l'objet, le lieu, la date du jour, du mois et de l'année où il a été passé.

Ces actes peuvent être écrits par d'autres personnes que les parties ; mais les parties qui n'ont pas écrit l'acte elles-mêmes doivent, avant de signer, mettre de leurs mains la mention suivante : *Ecriture approuvée.*

Une personne qui ne sait pas signer son nom ne peut passer un acte sous seing-privé.

Le billet, ou la promesse sous seing-privé, par lequel une seule partie s'engage envers l'autre à lui payer une somme d'argent ou une chose appréciable, doit être écrit en entier de la main de celui qui le souscrit, ou du moins il faut qu'outre sa signature, il ait écrit de sa main un *bon portant en toutes lettres* la somme ou la quantité de la chose. Cette mention se met ordinairement ainsi : *Bon pour la somme de* . Il est clair que le bon est inutile lorsque l'acte est écrit en entier de la main du signataire.

Tous les actes doivent, à peine de nullité, être écrits en un seul et même contexte, sans abréviations, blancs, lacunes, intervalles, interlignes ni additions. — Les sommes énoncées dans les actes doivent être écrites en toutes lettres. Les ratures doivent être approuvées au bas de l'acte, en même temps qu'on fait mention du nombre de mots rayés. Cette mention se fait ainsi : *Approuvée la rature de   mots rayés comme nuls.*

Les renvois qu'on est quelquefois obligé de faire dans un acte doivent être placés en marge ou à la fin de l'acte; ils doivent être signés ou paraphés par les parties, à peine de nullité desdits renvois.

Les actes sous seing-privé dans lesquels une ou plusieurs personnes s'obligent envers une ou plusieurs autres, ne sont valables qu'autant qu'ils ont été faits en autant d'originaux qu'il y a de parties ayant un intérêt distinct. Il suffit d'un original pour toutes les personnes ayant le même intérêt.

Chaque original doit contenir la mention du nombre des originaux qui en ont été faits. Ainsi on mettra : *Fait double, triple, quadruple, quintuple, sextuple, etc.,* suivant que l'acte aura été fait en deux, trois, quatre, cinq ou six originaux.

4. — De l'enregistrement des actes sous seing-privé.

Les actes sous seing-privé qui portent transmission de propriété ou d'usufruit de biens immeubles, et les baux à ferme ou à loyer, sous-baux, cessions ou subrogations de baux, et les engagements de biens de même nature, doivent être enregistrés *dans les trois mois de leur date.* (Loi du 22 frimaire an 7, art. 22.)

Les actes qui viennent d'être dénommés qui n'auront pas été enregistrés dans le délai de *trois mois* seront soumis au double droit. (Même loi, art. 38.)

Il n'y a pas de délai de rigueur pour l'enregistrement de tous autres actes qui sont faits sous seing-privé. (Même loi, art. 23.)

Les actes sous seing-privé peuvent être enregistrés dans tous les bureaux indistinctement. (Art. 26.)

C'est à la partie qui présente l'acte à l'enregistrement à en acquitter les frais. (Même loi, art. 29.)

5. — Des effets de l'acte sous seing-privé.

L'acte sous seing-privé reconnu par celui auquel on l'oppose, ou légalement tenu pour reconnu, a, entre ceux qui l'ont souscrit et entre leurs héritiers et ayant-cause, la même foi que l'acte authentique. (Code civil, 1322.)

Celui auquel on oppose un acte sous seing-privé est obligé d'avouer ou de désavouer formellement son écriture ou sa signature. Ses héritiers ou ayant-cause peuvent se contenter de déclarer qu'ils ne connaissent pas l'écriture ou la signature de son auteur. (Code civil, art. 1323.)

Dans le cas où la partie désavoue son écriture ou sa signature, et dans le cas où ses héritiers ou ayant-cause déclarent ne les point connaître, la vérification en est ordonnée en justice.

Les actes sous seing-privé n'ont de date contre les tiers que du jour où ils ont été enregistrés, du jour de la mort de celui ou de l'un de ceux qui les ont souscrits, ou du jour où leur substance est constatée dans des actes dressés par des officiers publics, tels que procès-verbaux de scellé ou d'inventaire.

QUALITÉS DES PARTIES CONTRACTANTES.

Tout acte, ou contrat, doit contenir les noms, prénoms, états et domiciles des parties. Voici quelques modèles qui aideront les contractants dans l'établissement de leurs qualités :

1. — Qualité d'une partie.

M. Joseph-Honoré Dubois, propriétaire, demeurant à

2. — Un mari et sa femme.

M. Louis Dupré, cultivateur, et Mme Julie Duchemin, son épouse, qu'il autorise (1), demeurant ensemble à

3. — Une femme veuve.

Madame Sophie Hulot, rentière, demeurant à   ,
Ve de M. Louis Barrot, en son vivant propriétaire, demeurant à

4. — Une femme séparée de biens par contrat de mariage.

Mme Louise Baron, épouse de M. Joseph Mongon, propriétaire, avec lequel elle demeure à   ,
de lui séparée quant aux biens, aux termes de leur contrat de mariage, passé devant Me Josselin, notaire à   , le   , enregistré.

5. — Une femme séparée de biens par jugement.

(*Le commencement comme à la formule N° 4.*) de lui séparée quant aux biens, en vertu d'un jugement du tribunal de première instance de   , en date du
(Code civil, 1 448, 1 449.)

6. — Une femme séparée de biens, autorisée de son mari.

(*Comme aux deux formules précédentes ; on ajoute :*) cependant autorisée de sondit mari, à ce présent.

---

(1) La femme ne peut contracter sans l'autorisation de son mari. (Code civ., art. 217.)

7.—Une femme séparée de corps et de biens.

Madame Sophie Lefort, rentière, demeurant à   épouse séparée de corps et de biens de M. Charles Denain, menuisier, demeurant à   , par jugement du tribunal de première instance de   , en date du   . (Code civil, 1448, 1449.)

8. — Un père comme tuteur de ses enfants mineurs.

M. Félix Dubois, propriétaire, demeurant à   , au nom et comme tuteur naturel et légal de 1° Louis Dubois, 2° Charles Dubois, 3° et Alcide Dubois, ses enfants mineurs, nés de son mariage avec dame Elisabeth Lacombe, son épouse, décédée.

9. — Un tuteur de mineurs.

M. Xavier Dupré, propriétaire, demeurant à   , agissant au nom et comme tuteur de : 1°   , 2°   , mineurs, nés du mariage de M.   et de dame   , tous deux décédés, mommé à cette qualité de tuteur, qu'il a acceptée, par délibération du conseil de famille desdits mineurs, prise sous la présidence de M. le juge-de-paix du canton de   , en date du

10. — Subrogé-tuteur.

M. Ferdinand Godin, cultivateur, demeurant à   , agissant au nom et comme subrogé-tuteur de
(*Voir la formule N° 9.*)

11. — Mineur émancipé par son père ou sa mère. (*Code civil*, 481.)

M. Julien Lefèvre, menuisier, demeurant à   , mineur émancipé par son père (*ou* sa mère), suivant la déclaration faite par lui (*ou* par elle) devant le juge-de-paix du canton de   , qui en a dressé procès-verbal le   (Code civil, 477.)

12. — Mineur émancipé par conseil de famille. (*Code civil, art.* 481.)

M. Julien Lefèvre, menuisier, demeurant à   , mineur émancipé par délibération du conseil de famille dudit mineur, prise sous la présidence de M. le juge-de-paix du canton de   , suivant procès-verbal en date du   (Code civil, 478.)

13. — **Mineur émancipé par mariage.**

M. Julien Lefèvre, menuisier, demeurant à   , mineur, mais émancipé par son mariage avec dame Julie Cazote, et dont la célébration a eu lieu à la mairie de   , le

14. — **Mineur émancipé, assisté de son curateur.** (*Code civil*, 482, 483.)

(*Voir formules N°s 11, 12 et 13 ; on ajoute :*) Ledit mineur, assisté de M.   , demeurant à   , son curateur, nommé à cette qualité, qu'il a acceptée, par délibération du conseil de famille ci-dessus énoncé (*pour le cas des formules N°s 11 et 12*); *mais, si le curateur assistait un mineur émancipé par contrat de mariage, on mettrait, au lieu de :* conseil de famille ci-dessus énoncé : par délibération du conseil de famille dudit mineur, prise sous la présidence de M. le juge-de-paix du canton de   , suivant procès-verbal en date du

15. — **Héritier.**

M. Charles Pâté, tailleur d'habits, demeurant à   , au nom et comme habile à se dire et porter héritier pour un sixième de M.   , décédé à   , le   , son oncle.

16. — **Légataire.**

M. Charles Pâté, propriétaire, demeurant à   , au nom et comme légataire universel (*à titre universel ou à titre particulier*) de M.   , décédé à   , le   , ainsi qu'il résulte de son testament olographe, enregistré à   , le   , (ou de son testament reçu par Mᵉ   , notaire à   , en date du   , enregistré.)

17. — **Un tiers comme se portant fort.**

M. Louis Duprez, agent d'affaires, demeurant à   , « agissant au nom et comme se portant fort pour M. X....,
« demeurant à   , promettant, à toutes réquisi-
« tions, de faire agréer et ratifier les présentes par ledit
« sieur X..... »

DÉSIGNATIONS.

Les désignations doivent être faites de manière à ne laisser aucun doute sur l'objet désigné, et à empêcher toute espèce de difficulté sur son identité.

1.—Désignation d'un Bois.

Un bois de la contenance de dix hectares quatre ares cinquante centiares, appelé le Bois-Mary, situé sur le territoire de   , tenant du nord au chemin de   , du midi à Joseph Choisy, du levant à   , et du couchant au pré dit le Pré-du-Bourdau.

2.—Désignation d'une pièce de Terre.

Deux ares cinq centiares de terre, situés terroir de   , lieudit la Côte-aux-Lièvres, tenant du nord à M.   , du midi au ruisseau, du levant au chemin de   , et du couchant aux biens communaux de ladite commune de

3.—Désignation d'un Pré.

Une pièce de pré de la contenance de un hectare six ares vingt-deux centiares, située sur le territoire de   , tenant du nord à M.   , du midi au jardin de M.   , du levant à   , et du couchant à

4.—Désignation d'une Vigne.

Une pièce de terre plantée en vigne, garnie de   échalas, située en la commune de   , lieudit   , de la contenance de cinq hectares deux ares cinquante centiares, tenant du nord à la vigne de M.   , du midi au sentier conduisant à   , du levant à   , et du couchant à

5. — Désignation de Récolte de Fruits.

La récolte à faire dans la présente année sur tous les pommiers, poiriers et pruniers qui se trouvent exister dans un clos appelé le clos de l'Ambulance, situé terroir de L....., tenant du nord à M. B...., du midi au chemin de   , du levant à   , et du couchant à

6. — Désignation de Récolte de Blé.

La récolte pendante par racines d'une pièce de terre ensemencée en blé, de la contenance de huit hectares cinq ares dix-sept centiares, sise terroir de   , en lieudit les Aisements, tenant du nord à   , du midi à   , du levant à   , et du couchant à

7. — Désignation d'une Maison.

Une Maison construite en pierres et bois et couverte en ardoises, composée de quatre espaces de bâtiments, dont l'un est en nature de salon sur le devant et cuisine derrière, l'autre en nature de chambres, le troisième et le quatrième en nature d'écuries et grange; chambres et grenier sur le tout; porte cochère au midi; cour derrière, dans laquelle est un puits avec pompe, rangs à porcs et lieux d'aisances. Le tout tenant du nord à M. F..., du midi à la rue, du levant à   , et du couchant à

8. — Désignation d'un Corps de Ferme.

Un corps de ferme appelé la Ferme-des-Carmes, situé sur le territoire de   , composé :

1° De quatre espaces de bâtiments construits en pierres et bois et couverts en ardoises, servant d'habitation au fermier, et consistant en cuisine, salle à manger et chambres à coucher au rez-de-chaussée; trois chambres à feu et deux chambres de domestiques au premier étage; grenier sur le tout, caves dessous.

2° Un corps de bâtiment ensuite, en nature d'écuries.

3° En face, un autre bâtiment en nature de grange, remise et bergeries; colombier au-dessus; rangs à porcs à côté au levant.

4° Et une cour dans laquelle est un puits.

Le tout de la contenance de   , etc.

5° Un hectare dix centiares de terre, etc.

6°

9. — Désignation d'un Moulin.

1° Un Moulin à eau, faisant de blé farine, situé à   composé de quatre espaces de bâtiments, dont le premier, à l'aspect du nord, contient tout le matériel du moulin; le 2ᵉ consiste en un corps-de-logis servant à l'habitation du meunier; le 3ᵉ est en nature d'écurie avec un grenier au-dessus; et le 4ᵉ est en usage de remise; ensemble la roue qui est au levant du 1ᵉʳ espace, les meubles, vannes, ustensiles, agrès du moulin, l'étang au midi dudit 1ᵉʳ espace. Le tout tenant du nord, etc.

PROCURATION, MANDAT.

C'est l'acte par lequel une personne donne à une autre le pouvoir de faire quelque chose pour elle et en son nom. Il en résulte que, pour être capable de donner une procuration, il faut être capable de faire soi-même les actes qui en sont l'objet. (*Voyez, à la fin de l'ouvrage, la loi relative aux mandats.*)

ENREGISTREMENT.

Les procurations, ou pouvoirs pour agir, sont assujetties au droit fixe de 2 fr., quand elles ne contiennent aucune stipulation ni clause donnant lieu au droit proportionnel.

La procuration par plusieurs co-intéressés à une même chose n'est passible que d'un seul droit.

Au contraire, lorsque la procuration est donnée par plusieurs personnes dont les intérêts sont divisés, c'est-à-dire qu'il y a véritablement plusieurs dispositions; par exemple, si Pierre et Paul possèdent divisément plusieurs propriétés, et qu'ils chargent Louis de les vendre, il sera perçu deux droits de 2 fr.

Lorsqu'une seule personne nomme plusieurs mandataires par le même acte, il est dû autant de droits fixes qu'il y a de mandataires ayant pouvoir d'agir séparément.

INTITULÉS DE PROCURATIONS.

1. — **Procuration ordinaire.**

Je soussigné Jean-Baptiste Bazin, charpentier, demeurant à   , donne, par ces présentes, pouvoir à Louis Carré, propriétaire, demeurant à   , que je constitue mon mandataire, de, pour moi et en mon nom, toucher et recevoir, etc. (*Voir formules N° 5 et suivantes.*)

2. — Procuration donnée par un mari à sa femme.

Je soussigné B...., demeurant à   , constitue pour ma mandataire Madame Julie Besson, mon épouse, que j'autorise pour tout ce qu'elle fera en vertu des présentes, et à laquelle je donne pouvoir de   (*Voir formules N° 5 et suivantes.*)

3. — Procuration par un héritier.

Je soussigné C...., demeurant à   , héritier de M. Charles Pérot, décédé à   , le   , mon cousin germain, constitue pour mon mandataire M. N..., demeurant à   , auquel je donne pouvoir de (*Voir formules N° 5 et suivantes.*)

4. — Procuration par un tuteur.

Je soussigné Joseph Paturot, propriétaire, demeurant à   , agissant comme tuteur de Léon et Oscar Dubois, mes neveux, nés du mariage de Louis Dubois, en son vivant propriétaire, demeurant à   , avec la dame Joséphine Paturot, son épouse, tous deux décédés, nommé à ladite qualité de tuteur, que j'ai acceptée, par délibération du conseil de famille desdits mineurs, reçue par M. le juge-de-paix du canton de   , le   ,

Constitue pour mon mandataire, etc. (*Voir formules N° 5 et suivantes.*)

5. — Procuration pour toucher une somme due.

Je soussigné (*Voir formules N°ˢ 1, 2 et 3.*)

De toucher et recevoir du sieur C...., ou de tous autres qu'il appartiendra, la somme de   , qu'il me doit en vertu de (*Désigner la cause*); recevoir également tous intérêts échus et à échoir de ladite somme; — de toutes sommes reçues donner quittances et décharges valables.

A défaut de paiement (*Voir N° 12.*)

6. — Procuration spéciale.

Je soussigné Maxime Robin, cultivateur, demeurant

à   , donne, par ces présentes, pouvoir à M.   de, pour moi et en mon nom (*Désigner la nature du pouvoir.*)

Promettant avoir pour agréable tout ce que ledit M.   aura fait à cet égard, et le ratifier au besoin.

Fait à   , le

7. — **Procuration pour recevoir des loyers ou fermages.**

Je soussigné (*Voir N°⁵ 1, 2 et 3.*)

Recevoir pour moi les loyers (*ou fermages*) d'une maison (*ou ferme*) située à   , louée au sieur N...., moyennant   ; donner toutes quittances et décharges ; donner congé à ceux des locataires qui seraient en retard de paiement.—Et, à défaut de paiement   (*Voir N° 12.*)

8. — **Procuration pour faire un bail.**

Je soussigné (*Voir N°⁵ 1, 2 et 3.*)

Louer (*ou affermer*) verbalement, par actes sous signatures privées, ou par acte notarié, aux personnes, pour le temps, et aux prix, charges et conditions que le mandataire jugera convenables, les biens immeubles que je possède à   , consistant en   ; faire tous arpentages et bornages ; passer et signer tous actes à cet égard, et généralement faire tout ce qui sera utile et nécessaire, promettant l'avoir pour agréable et le ratifier au besoin.

Fait à   , le

9. — **Pouvoir à l'effet de passer un bail.**

Je soussigné (*Voir N°⁵ 1, 2 et 3.*)

Passer bail à *loyer* (1) à M.   , ou à telle autre personne que le mandataire jugera convenable, pour trois, six ou neuf années, à compter du   , d'une maison, sise à   , etc., et d'un jardin attenant à ladite maison, de la contenance de   , etc.

Faire ce bail moyennant un loyer annuel de et aux charges, clauses et conditions qui conviendront audit mandataire.

A ces effets, passer et signer tous actes, élire domicile,

---

(1) Ou à *ferme*, selon que les biens à louer consistent en bâtiments, maisons ou appartements, ou en biens ruraux.

et généralement faire tout ce qui sera utile et nécessaire, promettant l'avouer et le ratifier au besoin.

Fait à   , le

10. — Procuration pour emprunter.

Je soussigné (*Voir Nos 1, 2 et 3.*)

Emprunter pour moi la somme de   pour
ans, avec intérêts à raison de cinq pour cent par an ;
d'en signer tous actes nécessaires, promettant d'avoir le
tout pour agréable et le ratifier au besoin.

Fait à   , le

11. — Procuration pour recueillir une succession.

Je soussigné (*Voir Nos 1, 2 et 3.*)

Recueillir la succession de N....... En conséquence, requérir toute apposition de scellés ou s'y opposer ; faire procéder à l'inventaire des biens dépendant
de ladite succession ; former toute demande et opposition qu'il jugera convenables ; prendre connaissance des
dettes actives et passives, et de l'état en général de ladite succession ; accepter ladite succession purement
et simplement ou sous bénéfice d'inventaire, ou y renoncer ; faire procéder à la vente des meubles et effets
mobiliers ; recevoir et payer toutes les sommes qui
pourraient être dues, tant en principal qu'intérêts ; faire
et arrêter tous comptes ; poursuivre les débiteurs ;
vendre, céder, transporter, échanger les biens immeubles dépendant de ladite succession ; procéder à
tous comptes, liquidations et partages desdits biens,
soit à l'amiable, soit judiciairement ; de toutes sommes
reçues ou payées donner ou retirer quittances.

En cas de difficulté et à défaut de paiement (*Voir No*
12).

12. — Pouvoirs judiciaires.

A défaut de paiement et en cas de difficulté de la
part des débiteurs, faire toutes poursuites, diligences,
contraintes, commandements, sommations, oppositions,
saisies-arrêt, saisies-exécution, expropriations forcées
de biens qu'il croira nécessaires ; citer et paraître, tant
en demandant qu'en défendant, devant tous tribunaux
de paix ou de première instance ; s'y concilier, si faire
se peut ; prendre tous arrangements ; accorder termes

et délais ; nommer des experts ou arbitres ; s'en rapporter à leurs décisions ou les contester ; élire domicile ; donner toute main-levée ; substituer une ou plusieurs personnes ; et généralement faire tout ce que le mandataire jugera utile, convenable et nécessaire, promettant l'avoir pour agréable et le ratifier au besoin.

Fait à   , le

13. — Procuration pour recevoir un legs.

Je soussigné (*Voir N*os 1, 2 *et* 3.)

Recevoir de M. D...., exécuteur testamentaire du sieur L...., décédé à   , le   , la somme de   , que le sieur L.... m'a léguée par son testament en date du   ; en donner quittance et décharge ; et, en cas de refus de la part du sieur D.... de faire la délivrance dudit legs, exercer contre ledit sieur D.... toutes poursuites, diligences (*Voir N*° 12.)

14. — Procuration à l'effet d'acquérir.

Je soussigné (*Voir N*os 1, 2 *et* 3.)

Acquérir de M. P...., moyennant la somme de   , payable   et aux conditions suivantes : (*Exprimer les conditions*) une maison sise à   .
En conséquence, passer et signer le contrat de cette vente, et généralement faire tout ce qui sera utile et nécessaire, promettant le ratifier au besoin.

Fait à   , le

15. — Autre Procuration à l'effet d'acquérir.

Je soussigné (*Voir N*os 1, 2 *et* 3.)

Acquérir de M.   pour le prix que le mandataire jugera convenable, et aux charges, clauses et conditions qui lui conviendront, une pièce de bois de la contenance de   , etc.

M'obliger au paiement du prix et des intérêts, etc., à l'exécution de toutes les charges et conditions qui seront stipulées ; former toutes demandes en main-levée et radiation. Aux effets ci-dessus, passer tous actes, et généralement faire tout ce qui sera utile et nécessaire, promettant l'avouer et le ratifier au besoin.

Fait à   , le

16. — Procuration à l'effet de vendre.

Je soussigné (*Voir N°s 1, 2 et 3.*)

Vendre à main-ferme (*ou aux enchères*), aux personnes et aux prix, charges et conditions que le mandataire jugera convenables (*Désigner les immeubles à vendre*) ; desquels immeubles je suis propriétaire ; m'obliger à toutes garanties ; fixer l'époque de l'entrée en jouissance et des paiements du prix, le recevoir en principal et intérêts, en donner quittance. A ces effets, passer et signer tous actes, et généralement faire ce qui sera utile et nécessaire, promettant le ratifier au besoin.

A défaut de paiement, etc. (*Voir N° 12.*)

17. — Procuration pour acheter des marchandises, meubles et effets mobiliers.

Je soussigné (*Voir N°s 1, 2 et 3.*)

Acheter pour moi et en mon nom (*Désigner les objets*) ; en solder le prix comptant ; en retirer facture et quittance et me les faire parvenir de la manière la plus prompte ; promettant d'avoir le tout pour agréable, et de lui tenir compte de tous frais et déboursés que ladite acquisition lui aura occasionnés.

Fait à   , le

18. — Procuration pour régler un compte.

Je soussigné (*Voir N°s 1, 2 et 3.*)

Régler avec M. B.... le compte de marchandises qui existe entre lui et moi ; solder ce dont je pourrais être redevable envers lui, ou recevoir ce dont il pourrait être débiteur envers moi ; recevoir ou donner en mon nom quittance pour solde jusqu'au jour du règlement dudit compte, promettant avoir le tout pour agréable.

Fait à   , le

19. — Procuration pour accepter une donation.

Je soussigné (*Voir N°s 1, 2 et 3.*)

Accepter la donation entre-vifs qui m'a été faite par M...., demeurant à   , mon oncle, d'une maison, etc.   ; m'obliger à l'exécution de toutes les charges, clauses et conditions qui m'ont été imposées par le donataire ; passer et signer tous actes à cet effet, élire domicile, et généralement faire tout ce qui sera utile et nécessaire, promettant le ratifier au besoin.

Fait à   , le

20. — Procuration pour se rendre caution.

Je soussigné (*Voir N°s 1, 2 et 3.*)

Me rendre caution et répondant solidaire de M. B...: envers telle personne que ce soit, jusqu'à concurrence de   fr., qui pourra lui être prêtée pour le temps et au taux d'intérêts qu'il jugera convenable. A cet effet, signer tous actes, et généralement faire tout ce qui sera nécessaire, promettant le ratifier au besoin.

Fait à   , le

21. — Procuration pour faire rendre compte à un mandataire.

Je soussigné (*Voir N°s 1, 2 et 3.*)

Faire rendre compte à M. C...., demeurant à   , du mandat que je lui ai conféré suivant ma procuration de tel jour, enregistrée à   , le   ; entendre, débattre, clore et arrêter tous comptes de recettes et de dépenses; se faire représenter tous titres et pièces à l'appui; les admettre ou les rejeter; fixer le reliquat desdits comptes, en payer ou recevoir le montant; donner et retirer toutes quittances et décharges.

En cas de difficulté et à défaut de paiement, etc. (*Voir N° 12.*)

22. — Procuration pour concourir à la nomination d'un tuteur ou d'un subrogé-tuteur.

Je soussigné (*Voir N°s 1, 2 et 3.*)

Me représenter au conseil de famille qui sera convoqué devant M. le juge-de-paix du canton de   , à l'effet de nommer un subrogé-tuteur (*ou un tuteur et un subrogé-tuteur*) à   , enfant mineur, né du mariage de   et de dame   , son épouse; conférer ces qualités à ceux des parents du mineur qu'il plaira au mandataire de désigner; accepter pour moi ladite qualité de tuteur, ou subrogé-tuteur, qui pourrait m'être conférée; signer tous procès-verbaux, et généralement faire ce qui sera utile et nécessaire, promettant l'avoir pour agréable.

Fait à   , le

23. — Procuration pour comparaître devant la justice-de-paix, à la place de quelqu'un.

Je soussigné (*Voir Nᵒˢ 1, 2 et 3.*)

Comparaître à l'audience de la justice-de-paix de le   , où j'ai fait citer le sieur C...., par acte du ministère du sieur T...., huissier à   , à l'effet de   . En conséquence, (*Voir Pouvoirs judiciaires Nᵒ 12.*)

24. — Procuration pour transiger ou compromettre.

Je soussigné (*Voir Nᵒˢ 1, 2 et 3.*)

Transiger sur la contestation existante entre moi et le sieur B...., au sujet de (*Désigner la cause*), aux charges, clauses et conditions auxquelles il croira devoir me soumettre, *ou* de compromettre sur ladite contestation ; de nommer pour moi tel arbitre qu'il lui plaira choisir.

Promettant avoir le tout pour agréable et le ratifier au besoin.

Fait à   , le

25. — Procuration pour comparaître en conciliation devant un juge-de-paix.

Je soussigné (*Voir Nᵒˢ 1, 2 et 3.*)

Comparaître en conciliation devant M. le juge-depaix de   , le   , à l'effet de me concilier, si faire se peut, avec le sieur C...., sur la contestation qui existe entre lui et moi, au sujet de (*Désigner la cause*) ; transiger, composer sur ladite contestation, et, en cas de non-conciliation, requérir expédition du procès-verbal de non-conciliation ; promettant avoir le tout pour agréable et le ratifier au besoin.

Fait à   , le   .

26. — Procuration d'un père commerçant à son fils.

Je soussigné (*Voir Nᵒˢ 1, 2 et 3.*)

Régir, gérer et administrer toutes les affaires de mon commerce, acheter et vendre toutes marchandises ; payer et recevoir tous effets de commerce ; donner quittances et décharges, et faire tout ce qui a rapport à

mondit commerce, comme je pourrais le faire moi-
même ; promettant avoir le tout pour agréable et le ratifier au besoin.

Fait à   , le   .

27. — Procuration pour faire un partage entre co-héritiers.

Je soussigné (*Voir Nos 1, 2 et 3.*)

Faire avec les sieurs B.... et D...., mes co-héritiers
dans la succession de   , mon oncle, décédé à   ,
le   , le partage des biens provenant de ladite
succession, et, en cas de refus de la part de mes co-
héritiers de faire à l'amiable ledit partage, les y contraindre par les voies de droit; en conséquence, faire
toutes poursuites, etc. (*Voir N° 12.*)

28. — Procuration pour accepter une succession sous bénéfice d'inventaire ou y renoncer.

Je soussigné (*Voir Nos 1, 2 et 3.*)

Se présenter au tribunal de première instance, séant
à   , pour y déclarer que je n'entends accepter
la succession de M. B...., dont je suis héritier pour un
quart, que sous bénéfice d'inventaire (*ou déclarer que je
renonce purement et simplement à la succession de
M. B...., dont je suis héritier pour un quart*); affirmer
que je n'ai fait aucun acte d'héritier pur et simple; faire
toutes autres déclarations que besoin sera ; passer et
signer tous actes, et généralement faire tout ce qui sera
utile et nécessaire, promettant l'avoir pour agréable.

Fait à   , le

29. — Procuration générale.

Je soussigné Louis Sugot, propriétaire, demeurant
à   , donne, par ces présentes, pouvoir à Jules
Meurice, rentier, demeurant à   , que je constitue mon mandataire général, de, pour moi et en mon
nom, louer et affermer, à telles personnes, pour le
temps et aux charges, clauses et conditions que le mandataire jugera convenables, tout ou partie des biens immeubles qui m'appartiennent ou pourront m'apparte-
nir; passer, proroger, renouveler ou résilier tous baux ;

toucher et recevoir tous les revenus, loyers et fermages de mesdits biens, même tous remboursements offerts ou exigibles, par qui, à quelque titre et pour quelque cause que ce soit ; régler, débattre, arrêter tous comptes qui me concernent ; faire remise de pièces et titres ; donner reçus, quittances et décharges ; emprunter de telles personnes qu'il voudra, en mon nom, jusqu'à concurrence de la somme de deux mille francs, à raison de cinq pour cent d'intérêts par an, pour le temps qu'il jugera convenable, soit par billets, obligations ou autrement ; vendre ou échanger les immeubles suivants : (*Les désigner*), moyennant les prix, charges et conditions qu'il jugera convenables ; employer les fonds provenant de ses recettes, emprunts, ventes, legs, donations ou autrement, à tel paiement qu'il estimera nécessaire pour mes intérêts ; accepter ou répudier tous legs ou donations qui pourraient m'être faits ; recueillir toutes successions qui pourraient m'échoir ; faire apposer les scellés, s'il y a lieu, sur les meubles provenant de pareilles successions ; faire procéder à tous inventaires des biens dépendant desdites successions ; former toutes demandes et oppositions qu'il jugera convenables ; prendre connaissance des dettes actives et passives, et de l'état en général desdites successions ; les accepter purement et simplement ou sous bénéfice d'inventaire, ou y renoncer ; faire procéder aux ventes des meubles et effets mobiliers ; recevoir et payer toutes les sommes qui pourraient être dues, tant en principal qu'intérêts ; faire et arrêter tous comptes ; poursuivre les débiteurs ; vendre, céder et transporter, échanger les biens immeubles dépendant desdites successions ; procéder à tous comptes, liquidations et partages desdits biens, soit à l'amiable, soit judiciairement ; de toutes sommes reçues ou payées donner ou retirer quittances.

(Consulter les formules qui précèdent pour les autres pouvoirs que l'on désirerait donner à un mandataire général, et terminer par les pouvoirs judiciaires, formule N° 12.)

VENTE.

La vente est une convention par laquelle l'un s'oblige à livrer une chose, et l'autre à la payer. (*Voyez, à la fin de l'ouvrage, la loi sur la vente.*)

ENREGISTREMENT.

Les ventes d'immeubles sont assujetties au droit proportionnel de 5 fr. et demi pour 100.

Les ventes de meubles ne sont passibles que du droit de 2 fr. pour 100.

La cession d'un fonds de commerce est assujettie au droit de 2 fr. pour 100 sur le prix des marchandises, du mobilier qui en dépend et de l'achalandage.

Les ventes à réméré sont, comme les ventes d'immeubles, passibles du droit de 5 fr. et demi pour 100.

La vente de nue-propriété est passible du droit de 5 fr. 50 par 100 f. sur le prix de vente, augmenté de moitié de ce prix lorsque l'usufruit est réservé par le vendeur. Quand l'usufruit appartient à un tiers, les droits ne se perçoivent que sur le prix porté dans l'acte.

La vente d'usufruit est passible du droit fixe de 3 fr. lorsque cet usufruit se trouve être, par la vente, réuni à la nue-propriété. Autrement il est dû un droit proportionnel de 5 fr. 50 par 100 fr.

Le réméré est assujetti au droit proportionnel de 50 cent. par 100 fr. Mais il n'est dû qu'un droit fixe de 2 fr. lorsque le retrait ne constate le remboursement d'aucune somme, parce que l'acquéreur n'avait pas payé.

FORMULES D'ACTES DE VENTES.

1. — Vente d'une Maison.

Entre les soussignés :

M. Jean-François Dupré, propriétaire, demeurant à

d'une part ;

Et M. Jacques Durand, cultivateur, demeurant à

d'autre part ;

Il a été convenu ce qui suit :

M. Dupré a, par ces présentes, vendu, avec promesse de faire jouir et garantir de tous troubles, hypothèques et autres empêchements quelconques, à M. Durand, ce acceptant,

Une Maison construite en pierres et couverte en ardoises, située à   , lieudit   , composée de deux espaces, dont l'un est en nature de cuisine et chambre au rez-de-chaussée, deux chambres à feu au premier étage, cave dessous ; et l'autre, en nature d'écurie. Greniers sur le tout. Cour derrière, dans laquelle est un puits et des rangs à porcs, qui font également partie de ladite vente.

Cette maison tient du nord à   , du midi à   , du levant à   , et du couchant à   ,

Ainsi qu'elle se poursuit, contient et comporte de fond en comble, sans en rien excepter ni réserver.

Pour, M. Durand, en faire, jouir et disposer, comme de sa propre chose, en toute propriété et jouissance, à compter d'aujourd'hui.

La présente vente est faite aux charges et conditions suivantes, que l'acquéreur s'oblige d'exécuter :

1° De prendre la maison présentement vendue dans l'état où elle se trouve, et sans aucune garantie de la part du vendeur, pour raison de vétusté, dégradation ou défectuosité de ladite maison ;

2° D'acquitter, à compter de ce jour, les contributions de toute nature mises ou à mettre sur ladite maison ;

3° De supporter toutes les servitudes passives, apparentes ou occultes, continues ou discontinues, dont elle peut être grevée, sauf par lui à profiter de celles actives.

Et en outre, la présente vente est faite moyennant la somme de   , etc.

Fait double à   , le 1er janvier mil huit cent

2. — Vente d'une Maison et Jardin par le mari et la femme.

Entre les soussignés :

M. Jean-François Dupré, propriétaire, et Madame Joséphine Colin, son épouse, qu'il autorise à l'effet des

présentes, demeurant ensemble à   *d'une part;*
Et M. Jacques Durand, rentier, demeurant à
                                          d'autre part;

Il a été convenu ce qui suit :

M. et Madame Dupré ont, par ces présentes, vendu, avec promesse solidaire de faire jouir et garantir de tous troubles, priviléges, hypothèques et autres empêchements quelconques ,

A M. Durand, qui accepte, acquéreur pour lui, ses héritiers et ayant-cause :

1° Une maison construite en pierres et couverte en ardoises, située à   , rue   , N°   , consistant en deux espaces de bâtiments en nature de corps-de-logis : elle se compose de quatre places au rez-de-chaussée, dont l'une servant de cuisine, et les trois autres de chambres; corridor séparant lesdits deux espaces; salon au premier étage, éclairé par deux fenêtres donnant sur la rue, et deux sur le jardin qui va être désigné ; à côté, corridor séparant ledit salon de deux autres places servant de chambres à coucher; alcôves et cheminées dans lesdites deux places.

Grenier sur le tout, cave dessous.

2° Un jardin de la contenance d'environ vingt-cinq ares, tenant à l'aspect du midi à ladite maison.

Le tout, maison et jardin, tenant du nord à la rue   , sur laquelle la maison fait face, aboutissant à la rivière de   , tenant du levant à   , et du couchant à

Ainsi que lesdits immeubles se contiennent et comportent de fond en comble, avec toutes leurs aisances, circonstances et dépendances, sans en rien excepter, réserver, ni retenir.

Ils proviennent, à M. et Madame Dupré, de l'acquisition qu'ils en ont faite du sieur Jean Péron, propriétaire à   , et de la dame Marie Mignon, son épouse, suivant acte reçu par Me Josselin, notaire à   , le   , enregistré;

Pour, par M. Durand, faire et disposer des maison et jardin à lui présentement vendus, comme de sa propre chose, en toute propriété, à compter de ce jour, et n'en entrer en jouissance que le vingt-cinq mars prochain.

La présente vente est faite à la charge, par M. Durand, qui s'y oblige :

1° De payer les frais auxquels les présentes donneront ouverture ;

2° De prendre les immeubles présentement vendus tels qu'ils se comportent actuellement, et sans aucune garantie de la part des vendeurs, soit de la mauvaise construction de la maison, soit de la mesure qui vient d'être assignée au jardin, le plus ou le moins de contenance demeurant à ses risques et périls, avantage ou perte, la différence entre la mesure réelle et celle déclarée excédât-elle un vingtième ;

3° D'acquitter, à compter de l'entrée en jouissance, les contributions de toute nature dont lesdits biens peuvent être grevés ;

4° D'en supporter les servitudes passives, sauf par lui à s'en défendre et à jouir de celles actives.

Et en outre, cette vente est faite moyennant le prix de   , etc.

Fait double, entre les parties, à   , le

3. — Vente à réméré (1).

Entre les soussignés,

M. Jean-Louis Bussy, professeur d'escrime, demeurant à   *d'une part ;*

Et M. Jacques Monsoreau, garde-forestier, demeurant à   *d'autre part ;*

Il a été convenu ce qui suit :

M. Bussy a, par ces présentes, vendu, avec promesse de faire jouir et garantir contre tous troubles et empêchements quelconques,

A M. Monsoreau, qui accepte,

Une maison, sise à   , etc.

---

(1) La faculté de rachat, ou de réméré, est un pacte par lequel le vendeur se réserve de reprendre la chose vendue, moyennant la restitution du prix principal et le remboursement des frais et loyaux coûts de la vente, les réparations nécessaires et celles qui ont augmenté la valeur du fonds, jusqu'à concurrence de cette augmentation.

La faculté de rachat ne peut être stipulée pour un terme excédant cinq années. — Si elle a été stipulée pour un terme plus long, elle est réduite à ce terme.

Faute par le vendeur d'avoir exercé son action de réméré dans le délai prescrit, l'acquéreur demeure propriétaire incommutable.

Pour, par l'acquéreur, en jouir, faire et disposer comme de sa propre chose, en toute propriété, au moyen des présentes, à compter du   , sauf le droit de réméré du vendeur, dont il sera ci-après parlé.

Cette vente est faite aux conditions suivantes, que l'acquéreur s'oblige d'exécuter :

1° De prendre ladite maison telle qu'elle se contient et comporte, et sans aucune garantie pour raison de mauvaise construction, dégradation ou vétusté ;

2° D'acquitter les contributions de toute nature qui peuvent grever ladite maison ;

3° D'en supporter les servitudes passives, sauf, par lui, à s'en défendre à ses risques, et à jouir de celles actives.

Et en outre, la présente vente est faite moyennant la somme de cinq mille francs, que l'acquéreur a payée comptant au vendeur, qui le reconnaît, et lui en accorde bonne et valable quittance.

Le vendeur se réserve pendant cinq ans, à compter de ce jour, la faculté de réméré sur la maison présentement vendue. Il pourra donc rentrer dans la pleine propriété et jouissance de cet immeuble, mais à la charge de rembourser à l'acquéreur, non seulement le prix principal, mais encore les frais et loyaux coûts de cette vente, les réparations nécessaires, et celles qui ont augmenté la valeur de cette maison jusqu'à concurrence de cette augmentation. Mais aussi, faute par le vendeur d'avoir exercé cette action de réméré dans le terme prescrit, l'acquéreur demeurera propriétaire irrévocable.

Fait double entre les parties à   , le

4. — Acte de réméré.

Les soussignés :

M. L...,   *d'une part ;*

Et M. P...,   *d'autre part ;*

Pour parvenir au réméré qui fait l'objet des présentes, ont exposé ce qui suit :

Par acte sous seing-privé, fait double entre les soussignés, le   , enregistré à   , le   , M. L... a vendu, avec la faculté de réméré pendant le temps de   , à M. P..., une maison sise à   , etc. Cette vente a été faite en outre moyennant le prix de   , qui a été payé comptant au vendeur.

Aujourd'hui, que le délai de   n'est pas expiré, et désirant exercer le droit de réméré qu'il s'était réservé, M. L.... offre de rembourser à M. P.... ladite somme de   , montant du prix de ladite vente, et celle de   , pour frais et loyaux coûts qu'a occasionnés ladite vente à M. P...; ce qui est accepté par lui, qui accorde quittance à M. L.... desdites deux sommes.

En conséquence, M. L.... jouira et disposera de ladite maison, comme de chose lui appartenant en toute propriété et jouissance, à compter de ce jour, comme s'il ne l'avait jamais vendue.

Fait double à   , le

5. — Vente de Meubles.

Entre les soussignés :

M. Jérôme Gorenflot, tonnelier, demeurant à
d'une part;

Et Melle Joséphine Galinet, majeure, ouvrière en robes, demeurant à
d'autre part;

Il a été convenu ce qui suit :

M. Gorenflot a, par ces présentes, vendu, et s'est obligé à garantir de tous troubles, saisies et revendications ,

A Melle Galinet, qui accepte ,

Les meubles ci-après désignés, savoir :

(Désigner tous les objets vendus.)

Ainsi que lesdits objets, que l'acquéreur déclare parfaitement connaître, se comportent, et dans l'état où ils se trouvent actuellement.

Cette vente est faite aux conditions suivantes, que Melle Galinet s'oblige d'exécuter :

1° De prendre les objets présentement vendus tels qu'ils se comportent, et sans aucune garantie pour raison de vétusté, défectuosité ou vices quelconques desdits objets ;

2° De les enlever des lieux où ils sont dans le délai de dix jours.

Et en outre cette vente est faite moyennant la somme de mille francs, que Melle Galinet s'oblige de payer à M.

Gorenflot dans le délai d'une année, à compter de ce jour, et de lui servir, jusqu'à parfaite libération, les intérêts à raison de cinq pour cent par année, aussi à compter de ce jour.

Fait double à   , le

6. — Vente de Fonds de Commerce.

Entre les soussignés :

M. Philippe Houduin, marchand épicier, demeurant à   *d'une part;*

Et M. Pierre Bourguignon, majeur, sans profession, demeurant à   *d'autre part ;*

Il a été fait les conventions suivantes :

M. Houduin vend, par ces présentes, et s'oblige à garantir de tous troubles, saisies et revendications,

A M. Bourguignon, qui accepte,

Le fonds de commerce d'épicerie qu'il exerce rue de   N°   , ensemble l'achalandage y attaché, ainsi que les marchandises, meubles et ustensiles en faisant partie, et dont le détail suit :

(Détailler ici les marchandises, meubles et ustensiles vendus.)

Ainsi que ce fonds d'épicerie se comporte.

Pour, par l'acquéreur, en faire et disposer comme de sa propre chose, en toute propriété et jouissance, à compter du

CONDITIONS.

Cette vente est faite aux charges et conditions suivantes, que l'acquéreur s'oblige d'exécuter, savoir :

1° De payer en l'acquit du vendeur, et de manière à ce que celui-ci ne soit nullement recherché, la patente qui lui a été délivrée pour l'année courante ;

2°

Et en outre la présente vente est faite moyennant la somme de quinze mille francs, que M. Bourguignon s'oblige de payer à M. Houduin, en quinze paiements égaux, dont le premier aura lieu d'aujourd'hui en un an, et les quatorze autres à pareil jour des quatorze années suivantes, avec intérêts à raison de cinq pour cent par année, payable annuellement avec chaque fraction du principal.

Il est expressément convenu, comme condition essentielle des présentes, sans l'exécution de laquelle lesdites présentes n'auraient pas lieu, qu'avant dix ans M. Houduin ne pourra établir dans la ville de   aucun commerce d'épicerie, ni prendre part directement ou indirectement à aucun établissement de ce genre ; le tout à peine de tous dépens, dommages et intérêts, et de suppression de l'établissement formé.

Et par ces mêmes présentes, M. Houduin a cédé, pour tout le temps qui en reste à courir, à compter de ce jour, son droit au bail des lieux où est exploité le fonds d'épicerie présentement vendu.

Cette cession est faite à la charge, par M. Bourguignon, qui s'y oblige, de se conformer à toutes les obligations qui ont été imposées au cédant par son bail, et dont ledit M. Bourguignon déclare avoir parfaite connaissance.

Fait double à   , le

7. — Vente de Nue-Propriété.

Entre les soussignés :

M. Joseph Salmon, propriétaire, demeurant à
d'une part;

Et M. Louis Godin, menuisier, demeurant à
d'autre part;

Il a été convenu ce qui suit :

M. Salmon a, par ces présentes, vendu, avec promesse de faire jouir et garantir contre tous troubles et empêchements quelconques, à M. Godin, qui accepte,

La nue-propriété, pour y réunir l'usufruit lors du décès dudit sieur Salmon, des immeubles ci-après désignés :

1° Une maison, etc.

2° Un hectare de terre, etc.

L'acquéreur disposera desdits immeubles, comme de choses lui appartenant, pour la nue-propriété, à compter de ce jour; et pour l'usufruit, à compter du décès de M. Salmon, qui s'en réserve la jouissance jusqu'à cette époque.

La présente vente est faite aux conditions suivantes :

M. Salmon s'oblige de jouir de l'usufruit qu'il s'est réservé, en bon père de famille, et conformément aux articles 582 et suivants du Code civil.

De son côté, M. Godin s'engage à entretenir, pour le

temps qui leur restera à courir, les baux qui pourront exister à l'époque du décès du vendeur (1).

Les droits d'enregistrement auxquels les présentes donneront ouverture seront payés par ledit sieur acquéreur.

Et en outre, la présente vente est faite moyennant la somme de   , etc.

Fait double à   , le

8. — Vente d'Usufruit.

Entre les soussignés :

M. B....,   *d'une part ;*
Et M. D....,   *d'autre part ;*

Il a été convenu ce qui suit :

M. B.... a, par ces présentes, vendu, avec promesse de garantir contre tous troubles et empêchements quelconques, à M. D...., qui accepte,

L'usufruit, pendant la vie de l'acquéreur, d'une maison sise à   , rue   , tenant du nord à   , etc.

Pour, par M. D...., jouir de ladite maison pendant toute sa vie, mais en usufruit seulement, à compter de

La présente vente d'usufruit est faite aux charges et conditions suivantes, que M. D.... promet d'exécuter :

1° De faire dresser, conformément à l'article 600 du Code civil, un état de la maison ci-dessus désignée, et cela avant son entrée en jouissance ;

2° De souffrir les grosses réparations qui seraient à faire à ladite maison, quel que soit le temps que dureront ces réparations ;

3° De payer, à compter de l'entrée en jouissance, les contributions de toutes natures, mises ou à mettre sur ladite maison ;

4° D'en jouir en bon père de famille et sans en changer la nature ;

5° De payer les droits d'enregistrement des présentes.

Et en outre, la présente vente est faite moyennant la somme de   , etc.

Fait double à   , le

---

(1) Mais ces baux ne pourront être faits que pour neuf années au plus, et par acte enregistré.

. — Vente d'une Propriété littéraire.

Entre les soussignés :

M. Jacques Montigny, homme de lettres, demeurant à *d'une part ;*

Et M. François Petit, libraire, demeurant à *d'autre part ;*

Il a été convenu ce qui suit :

M. Montigny a, par ces présentes, vendu, sous toutes garanties, à M. Petit, qui accepte, cinq cents volumes d'un ouvrage intitulé   , imprimé sur trente-sept feuilles in-octavo, en caractère *petit-romain,* avec la pleine propriété de cet ouvrage.

La présente vente est faite aux conditions suivantes :

M. Montigny renonce expressément à faire réimprimer ledit ouvrage et à en vendre désormais un seul exemplaire, sous quelque prétexte que ce soit.

De son côté, M. Petit promet et s'engage à ne faire à l'ouvrage à lui vendu aucun changement ni aucune correction sans l'autorisation écrite de M. Montigny.— Il lui est accordé par ledit auteur le droit d'en faire imprimer autant d'exemplaires et autant d'éditions qu'il lui plaira.

La présente vente est faite, en outre, moyennant la somme de   , etc.

Fait double à   , le

10. — Vente de Récolte.

Entre les soussignés :

M. Charles Jacquet, propriétaire, demeurant à *d'une part ;*

Et M. Alcide Collet, tisseur, demeurant à *d'autre part ;*

Il a été convenu ce qui suit :

M. Jacquet a, par ces présentes, vendu, à M. Collet, qui accepte, la récolte pendante par racines d'une pièce de terre sise à   , de la contenance d'environ   , tenant   , empouillée en seigle. Cette vente est faite moyennant le prix de   , que M. Collet s'oblige de payer à M. Jacquet, en deux paiements égaux, savoir : le 1er, le   ; le 2me, le   ; sans intérêts jusqu'à ces deux époques, mais avec intérêts à raison de cinq pour cent par an, à défaut de paiement, à partir desdites deux époques.

Fait double à   , le

11. — Vente d'une Récolte de Jardin.

Entre les soussignés :

M. P....,   *d'une part ;*

Et M. L...,   *d'autre part ;*

Il a été convenu ce qui suit :

M. P.... a, par ces présentes, vendu, avec toutes garanties, à M. L...., qui accepte,

La récolte de son jardin situé derrière la maison qu'il habite, rue   , etc.; ladite récolte consistant en

Cette vente est faite à la condition expresse que M. L.... ne pourra faire la récolte à lui vendue qu'en présence de son jardinier ; que les   ne feront pas partie de ladite vente ; et que, s'il est fait par ledit sieur L.... quelque dommage, soit aux treilles, soit aux espaliers, soit   , il sera sur-le-champ réparé à ses frais, et avant l'enlèvement de ladite récolte à lui présentement vendue.

Cette vente est faite moyennant la somme de   , etc.

Fait double à   , le

12. — Vente de Récolte d'Arbres.

Entre les soussignés :

M. N....,   *d'une part ;*

Et M. C....,   *d'autre part ;*

Il a été convenu ce qui suit :

M. N.... a, par ces présentes, vendu, et s'est obligé à garantir de tous troubles, saisies et revendications, à M..C...., qui accepte,

La récolte en fruits à faire cette année sur tous les arbres existant dans le clos connu sous le nom de Clos-Delmont, appartenant audit M. N...., et situé sur le territoire de   , au lieudit Toully, tenant du nord à   , etc.

La présente vente est faite aux conditions suivantes :

1° De faire ladite récolte en évitant de casser ou mutiler les branches ;

2° Eviter de commettre aucun dégât dans ledit clos;

3° De ne pouvoir enlever les fruits avec cheval attelé ou non attelé, ni même avec une brouette ;

4° D'enlever lesdits fruits avant le   ;

5° De payer les frais d'enregistrement et le papier des présentes.

Et en outre, la présente vente est faite moyennant, etc.

13. — Vente de Coupe de Bois.

Entre les soussignés :

M. D....,   *d'une part ;*

Et M. L....,   *d'autre part ;*

Il a été convenu ce qui suit :

M. D.... a, par ces présentes, vendu, et s'est obligé à garantir de tous troubles, saisies et autres empêchements,

A M. L...., qui accepte,

La coupe de bois, à faire cette année, de cinquante ares de taillis et de futaie, en une seule pièce, appelée le Bois-Mary, sise terroir de   , tenant du nord à   , etc.

Sous la réserve de tous les arbres et baliveaux marqués avec un marteau portant la lettre D. Lesquels ont été reconnus par l'acquéreur.

La présente vente est faite aux conditions suivantes, que l'acquéreur s'oblige d'exécuter :

1° De faire cette coupe dans le délai de

2° D'effectuer la vidange avant l'expiration dudit délai, à peine de tous dommages-intérêts ;

3° De faire sortir tous les bois provenant de la coupe par le chemin qui longe ledit bois au midi ;

4° De couper le bois, à la hache ou à la serpe, à fleur de terre, sans éclater, et de faire en sorte que les arbres non réservés par le vendeur n'endommagent pas, en tombant, ceux qui font partie de la réserve ;

5° De payer les frais des présentes.

Et en outre, la présente vente est faite moyennant le prix de   , etc.

Fait double à   , le

14.—Vente d'Objets mobiliers à l'essai.

Entre les soussignés :

M. B....,   *d'une part ;*

Et M. C....,   *d'autre part ;*

Il a été convenu ce qui suit :

Le sieur B.... vend, par ces présentes, au sieur C....

qui accepte, un hache-paille mécanique et un moulin à vanner le grain, connu sous le nom de *van d'Allemagne*, moyennant la somme de deux cents francs, que M. C.... a payée comptant au vendeur, qui le reconnaît et lui accorde quittance. — Cette vente est faite à la condition que M. C.... aura en essai les deux objets à lui présentement vendus pendant l'espace de quinze jours, et, pour le cas où, après ce temps, il déclarerait qu'ils ne lui conviennent pas, il sera libre de les remettre à M. B....; lequel s'oblige à les reprendre et à rendre audit M. C.... ladite somme de deux cents francs.

Le délai de quinze jours étant de rigueur, après son expiration, M. C.... ne sera plus recevable à faire à M. B...., et sous quelque prétexte que ce soit, la remise desdits objets à lui présentement vendus.

Fait double à   , le

15. — Vente de Matériaux.

Entre les soussignés :

M. P....,   *d'une part ;*
Et M. D....,   *d'autre part ;*

Il a été convenu ce qui suit :

M. P.... a, par ces présentes, vendu, et s'est obligé de garantir contre tous troubles,

A M. D...., qui accepte,

Les matériaux en pierres, bois, ardoises, terreaux, etc., provenant de la démolition d'un bâtiment appartenant audit M. P...., ci-devant en nature de remise, situé sur le chemin de   , etc. ; lequel bâtiment s'est écroulé de lui-même.

La présente vente est faite à la charge, par l'acquéreur, qui s'y oblige, de faire l'enlèvement de tous lesdits matériaux d'ici au quinze avril prochain, et de rendre, pour cette époque, la place sur laquelle ils se trouvent entièrement nette et nivelée.

Et en outre, la présente vente est faite moyennant la somme de   , etc.

Fait double à   , le

16. — Vente d'Objets mobiliers.

Entre les soussignés :

M. Eugène Picart, propriétaire, demeurant à
                                      d'une part ;

Et M. Claude Baudoin, instituteur, demeurant à
d'autre part;

Il a été convenu ce qui suit :

M. Picart a, par ces présentes, vendu, et s'est obligé à garantir de tous troubles, saisies et revendications,

A M. Baudoin, qui accepte,

Tous les meubles désignés dans l'état estimatif dressé en double, sur deux feuilles au timbre de 35 (*ou 70 centimes*), par les soussignés, et signé par eux. — Ces deux états resteront annexés à chacun des doubles des présentes, avec lesquelles ils seront soumis à l'enregistrement.

Ainsi que tous lesdits meubles se comportent.

La présente vente est faite à la condition que M. Baudoin, acquéreur, fera enlever tous les objets à lui présentement vendus avant le   prochain.

Cette vente est faite moyennant la somme de cinq cents francs, que l'acquéreur s'oblige de payer à M. Picart et à son domicile, en un seul paiement, le dix juin prochain, sans intérêts jusqu'à ce jour, mais avec intérêts à raison de cinq pour cent par an, à partir dudit jour dix juin prochain, jusqu'à parfaite libération dudit prix.

Fait double à   , le

17. — Vente de Marchandises avec un délai pour en faire la livraison.

Les soussignés :

Jean-Louis Baron, marchand de vin en gros, demeurant à   *d'une part;*

Et Joseph Bourgoin, débitant de boissons, demeurant à   *d'autre part;*

Sont convenus de ce qui suit :

Le sieur Baron promet et s'engage de livrer, du 15 au 20 février prochain, au sieur Bourgoin, vingt hectolitres de vin de Saint-Emilion, dans des fûts de
litres chacun, moyennant la somme de
que le sieur Bourgoin s'oblige à payer à M. Baron le jour de la livraison; laquelle devra se faire chez ledit sieur acquéreur.

Il est formellement convenu que, dans le cas où la livraison ne serait pas faite à l'époque et de la manière ci-dessus stipulées, M. Bourgoin aura la faculté de se désister de la présente vente; laquelle sera considérée comme nulle et non-avenue.

Fait double à   , le

18. — Stipulation de dommages-intérêts.

Et dans le cas où M. Baron ne pourrait ou ne voudrait pas faire ladite livraison, il s'engage à payer à M. Bourgoin la somme de   , à titre de dommages-intérêts.

Fait double à   , le

19. — Autre stipulation de dommages-intérêts.

Et dans le cas où l'un ou l'autre des soussignés manquerait aux engagements ci-dessus, il paiera à l'autre contractant la somme de   , à titre de dommages-intérêts, quelle que soit la cause qui l'ait empêché de remplir lesdits engagements.

Fait double à   , le

20. — Vente par un mandataire verbal.

Entre les soussignés :

M. Jean Ponsin, propriétaire, demeurant à   ,
« agissant au nom et comme mandataire verbal de
» M. Joseph Dupré, étudiant en droit, demeurant à Pa-
» ris, rue   , N°   , s'obligeant de faire, à toute
» réquisition, agréer et ratifier les présentes par ledit
» sieur Dupré, son mandant, »

d'une part ;

Et M. Louis Dessaix, menuisier, demeurant à

d'autre part ;

Il a été convenu ce qui suit :

M. Ponsin, *audit nom*, a, par ces présentes, vendu, avec promesse de faire jouir et garantir contre tous troubles et empêchements quelconques, etc.

21. — Vente par un tiers comme se portant fort.

Entre les soussignés :

M. Joseph Blin, menuisier, demeurant à

d'une part ;

Et M. Charles Gosselin, cultivateur, demeurant à

d'autre part ;

Il a été convenu ce qui suit :

M. Joseph Blin, au nom et comme se portant fort pour M. Jules Dubois, caporal au 52ᵉ de ligne, en ce moment en garnison à

A, par ces présentes, vendu, avec promesse de faire jouir et garantir contre tous troubles et empêchements quelconques, et avec obligation de faire agréer et ratifier les présentes à toute réquisition,

A M. Gosselin, qui accepte,

Une maison, etc.

22. — Paiement de prix de vente comptant.

Et en outre, la présente vente est faite moyennant le prix de mille francs, que l'acquéreur a payé comptant au vendeur, qui le reconnaît et en accorde bonne et valable quittance.

23. — Stipulation de délai pour le paiement d'un prix de vente.

Et en outre, la présente vente est faite moyennant le prix principal de cinq cents francs, que l'acquéreur s'oblige de payer au vendeur dans le délai d'un an, avec intérêts à raison de cinq pour cent par an ; le tout à compter de ce jour.

24. — Autre stipulation de délai.

Et en outre, la présente vente est faite moyennant le prix principal de sept cents francs, que l'acquéreur promet et s'oblige de payer au vendeur le quinze mars prochain, sans intérêts jusqu'à ce jour, mais avec intérêts à raison de cinq pour cent par an, à compter dudit jour quinze mars prochain, en cas de non paiement. — Il est entendu que la présente clause ne préjudiciera en aucune façon au droit que se réserve le vendeur de poursuivre le paiement dudit prix de vente après l'expiration du délai ci-dessus fixé, dans le cas où ce paiement n'aurait pas été effectué.

25. — Autre stipulation de délai.

Et en outre, la présente vente est faite moyennant la somme de deux mille francs, que l'acquéreur promet et s'oblige de payer au vendeur en quatre paiements égaux, dont le premier aura lieu le   ; le second, le   ; le troisième, le   ; et le quatrième, le   , avec intérêts à raison de cinq pour cent par année, à compter de ce jour, payables avec chaque fraction du principal.

26. — Autre stipulation de délai.

Et en outre, la présente vente est faite moyennant le prix principal de trois mille francs, que l'acquéreur promet et s'oblige de payer au vendeur en cinq termes et paiements égaux, d'année en année à compter de ce jour, pour, le premier, commencer le   , avec intérêts à raison de cinq pour cent par an aussi à compter de ce jour, et payables annuellement avec chaque fraction du principal.

27. — Vente de Créance. (*Voir Transport.*)

28. — Vente de Droits successifs. (*Voir Transport.*)

TRANSPORT.

C'est l'acte par lequel un créancier cède à un tiers des créances ou autres valeurs incorporelles. On nomme *cédant* celui qui fait le transport, et *cessionnaire* celui au profit duquel il est fait. (*Voyez, à la fin de l'ouvrage, la loi relative aux transports.*)

FORMULES DE TRANSPORTS.

1. — Transport de Créances.

ENREGISTREMENT.

Droit de 50 cent. par 100 fr. sur le capital transporté.

Entre les soussignés :
M. Alexandre Lorel, propriétaire, demeurant à
d'une part ;

Et M. Quentin Durward, négociant, demeurant à
d'autre part ;

Il a été convenu et arrêté ce qui suit :

Le sieur Lorel a, par ces présentes, cédé et transporté, sous toutes garanties, et avec promesse de payer si le débiteur ci-après nommé ne payait pas,

A M. Durward, qui accepte, la somme de quinze cents francs, à lui due par le sieur Jacques Toury, propriétaire et cultivateur, demeurant à   , en vertu *(Enoncer le titre.)*

Pour, par M. Durward, recevoir la somme présentement transportée du sieur Toury ou de tous autres qu'il appartiendra, ensemble les intérêts dont elle est productive à compter du   , et faire et disposer du tout comme bon lui semblera et de chose lui appartenant en toute propriété, au moyen des présentes.

A l'effet de quoi le sieur Lorel le met et subroge dans tous ses droits généralement quelconques contre ledit sieur Toury, résultant à son profit du contrat ci-dessus énoncé.

Le présent transport est fait moyennant pareille somme de quinze cents francs, que M. Lorel reconnaît avoir reçue en numéraire de M. Durward, auquel il en accorde bonne et valable quittance.

Fait double à   , le

(Signature.)

2.—Transport de Droits successifs (1).

ENREGISTREMENT. *(Voyez Vente.)*

Entre les soussignés :

M. N....,	*d'une part ;*
Et M. D....,	*d'autre part ;*

Il a été convenu et arrêté ce qui suit :

Le sieur N.... a, par ces présentes, cédé et transporté, sans autre garantie que celle qui résulte de la qualité qui lui appartient, d'héritier pour un douzième de M.   , son cousin germain,

A M. D...., qui accepte,

Tous les droits successifs, mobiliers et immobiliers, sans aucune exception ni réserve, revenant à M. N... dans la succession de sondit cousin,

---

(1) On ne peut céder que des droits successifs qui sont échus. Il est interdit de vendre ou céder la succession d'une personne vivante, même avec son consentement. (Code civil, 1 600.)

Pour, par M. D...., jouir de tout ce qui vient de lui être cédé, comme de choses lui appartenant, aux lieu et place du cédant; à l'effet de quoi ledit cédant l'a mis et subrogé, sans autre garantie que celle d'héritier comme il vient d'être dit, dans tous ses droits et actions concernant cette succession.

Le présent transport a été fait aux conditions suivantes :

(Rédiger ici les conditions.)

Et en outre, le présent transport est fait à forfait, moyennant la somme de   francs, que M. N.... a reçue de M. D...., et auquel il en accorde quittance.

Comme ce transport est fait à forfait, M. D.... ne pourra exercer contre le cédant aucun recours pour le cas où les droits cédés ne s'élèveraient pas à ladite somme de

Fait double à   , le

3. — Acceptation de Transport dans l'acte même.

(Voir formule No 1.)

A ces présentes est intervenu M. Toury ; lequel a déclaré accepter le présent transport et se le tenir pour bien et dûment signifié, dispenser M. Durward de toute signification, et s'est obligé à rembourser entre ses mains ladite somme de quinze cents francs, et à lui en payer les intérêts comme il est dit au présent transport ; — déclarant, ledit sieur Toury, qu'il n'existe entre ses mains aucune opposition à l'exécution dudit transport.

Fait triple (1) à   , le

4. — Acceptation de Transport par acte séparé.

ENREGISTREMENT.

Quand l'acceptation est contenue dans l'acte de transport, comme au No 3, il n'est dû aucun droit pour cette acceptation ; mais, quand elle est faite par acte séparé, il est dû un droit fixe de 2 fr.

Je soussigné Jacques Toury, propriétaire, demeurant à   *(Voir formule No 1)*, déclare, par le pré-

---

(1) Dans ce cas, il faut faire l'acte en triple copie, puisqu'il y a trois comparants.

sent, avoir pris communication et avoir une parfaite connaissance d'un acte sous seing-privé, fait double à   , le   , contenant transport fait par M. Alexandre Lorel, propriétaire, demeurant à   , à M. Quentin Durward, négociant, demeurant à   , de la somme de quinze cents francs que je dois audit sieur Lorel, en vertu de *(Énoncer le titre.)*

En conséquence, je déclare accepter ce transport et me le tenir pour bien et dûment signifié, et dispenser M. Durward de toute signification ; et je m'oblige à rembourser entre ses mains ladite somme de quinze cents francs, et à lui en payer les intérêts comme il est dit au présent transport.

Fait à   , le

MITOYENNETÉ.

ENREGISTREMENT.

La vente d'un droit de mitoyenneté est passible du droit de 5 et demi pour 100.

1. — Cession de Mitoyenneté.

Entre les soussignés :

1° M. Charles Ponté, propriétaire, demeurant à
d'une part ;

2° Et M. Joseph Baquis, aussi propriétaire, demeurant à
d'autre part ;

Il a été fait les conventions suivantes :

M. Ponté a, par ces présentes, vendu, cédé et abandonné avec toutes garanties, à M. Baquis, qui accepte,

La mitoyenneté du pignon au midi de la maison dudit sieur Ponté, située à   , rue de   ; ledit pignon ayant une longueur de 25 mètres à la base, sur une hauteur de 21 mètres du sol au faîtage, et de 15 mètres 60 centimètres du sol à la gouttière, et séparant de l'est à l'ouest la propriété du sieur Ponté de celle du sieur Baquis.

Ce mur est construit en   , dans une épaisseur de   , avec des fondations de 1 mètre 25 centimètres.

Ainsi que ce mur se contient et comporte. Le sieur Baquis déclarant en avoir une parfaite connaissance, il n'en est pas fait ici une plus ample désignation.

Pour, par le sieur Baquis, faire, jouir et disposer de ce droit de mitoyenneté comme de chose lui appartenant.

La présente vente est faite à la charge, par le sieur Baquis, qui s'y oblige, de se conformer, dans toutes constructions qu'il voudra faire, aux lois et aux règlements de police y relatifs.

Et en outre, cette vente est faite moyennant la somme de

2. — Autre formule.

Les soussignés :

M. Auguste Biroteaux, propriétaire, demeurant à

d'une part ;

Et M. Gustave Charpentier, aussi propriétaire, demeurant à   *d'autre part ;*

Pour arriver à la cession de mitoyenneté qui fait l'objet des présentes, ont préliminairement exposé ce qui suit :

Le sieur Biroteaux est propriétaire d'un jardin sis à   , en lieudit   , clos de toutes parts de murs ayant 45 centimètres de largeur, tenant au nord et à l'est à un terrain appartenant au sieur Charpentier ;

Celui-ci, dans l'intention où il est de clore sa propriété, propose au sieur Biroteaux de lui vendre la mitoyenneté de la portion de son mur qui les sépare.

Consentant à cette proposition, le sieur Biroteaux vend, cède et abandonne, avec toutes garanties, audit sieur Charpentier, qui accepte :

1° La moitié, du côté de ce dernier, du sol sur lequel est assis ledit mur, ayant une longueur, à l'aspect du nord, de 25 mètres, et à l'aspect de l'est, de 27 mètres ;

2° Et la moitié, aussi du même côté, de ce mur, qui, à partir de ce jour, sera mitoyen entre le sieur Biroteaux, d'une part, et le sieur Charpentier, d'autre part.

Étant bien entendu que la mitoyenneté cédée au sieur Charpentier comprendra toute l'élévation dudit mur, qui est de 2 mètres 60 centimètres, à partir du sol.

Pour, par le sieur Charpentier, jouir et disposer de

cette moitié de sol et de mur à lui présentement vendue, comme de choses lui appartenant en toute propriété et jouissance à compter de ce jour ; promettant toutefois de se conformer, dans toutes les constructions
qu'il voudra faire, aux lois et règlements de police y relatifs.

La présente vente est faite à forfait, moyennant la
somme de   , etc.

3. — Etablissement d'un Mur mitoyen.

Les soussignés B...,   *d'une part ;*
Et C....,   *d'autre part ;*
Voulant séparer par un mur mitoyen leurs propriétés contiguës, situées à
      Sont convenus de ce qui suit :
1° Il sera fait à frais communs, sur la ligne séparative
desdites deux propriétés, un mur de 3 mètres de hauteur
sur 1 mètre de fondation et 50 centimètres d'épaisseur ;
2° Ce mur sera construit en moëllons et couvert en
ardoises, et établi à la première réquisition des soussignés.

Fait double à   , le

4. — Abandon de Mitoyenneté.

ENREGISTREMENT.

*L'abandon des servitudes, lorsqu'il est accepté, est assujetti
au droit de 5 fr. 50 cent. par 100 fr. sur la valeur de l'objet
abandonné. — Pour la perception de ce droit, il faut que
l'acte contienne une estimation, ou qu'il soit fait une déclaration estimative.*

      Entre les soussignés :
M. B....,   *d'une part ;*
Et M. C....,   *d'autre part ;*
      Il a été convenu ce qui suit :
   M. B.... a, par ces présentes, renoncé purement et
simplement, en faveur de M. C...., au droit de mitoyenneté qu'il a sur le mur séparant son jardin de celui du
sieur C...., ainsi qu'à la propriété du sol sur lequel le
mur est élevé.

   Ledit jardin est situé commune de   , tient
du nord à   , du midi à la propriété du sieur C....
par ledit mur, du levant à   , du couchant à

En conséquence, M. B.... entend s'affranchir des dépens que pourront nécessiter à l'avenir la reconstruction et les réparations dudit mur.

Ce qui a été accepté par M. C....

Les parties évaluent la portion dudit mur et du sol abandonné à   fr. (1).

Fait double à   , le

REMPLACEMENT MILITAIRE.

ENREGISTREMENT.

Cet acte est assujetti au droit proportionnel de 1 fr. par 100 fr. sur la somme convenue.

1. — Acte de remplacement militaire.

Entre les soussignés :

M. Joseph Baron, propriétaire, demeurant à   , agissant en son nom personnel, à cause du remplacement dans le service militaire de Louis Baron, son fils, mineur (2), conscrit de la classe de   , appelé à faire partie du contingent à fournir par le canton de   , comme ayant amené le N°   , au tirage de ce canton, qui a eu lieu le   *d'une part ;*

Et M. Charles Laplace, cordonnier, demeurant à   , majeur, né à   , le   , définitivement libéré du service militaire, ainsi que le constate son congé (*ou* comme n'ayant pas été atteint par le sort),

d'autre part ;

Il a été convenu ce qui suit :

M. Laplace s'oblige à remplacer le sieur Baron fils dans le service militaire, pendant tout le temps que celui-ci serait tenu de servir, et de remplir toutes les obligations auxquelles ledit sieur Baron fils pourrait être tenu, s'il servait en personne.

---

(1) Cette évaluation est indispensable pour la perception des droits d'enregistrement.

(2) Il pourrait arriver que le conscrit fût majeur; dans ce cas, il pourrait agir par lui-même.

Ce remplacement a été consenti par le sieur Laplace, moyennant la somme de deux mille francs, que M. Baron père s'oblige de lui payer, savoir : deux cents francs aussitôt qu'il aura justifié, par un certificat de présence en bonne forme, de son incorporation dans le régiment pour lequel il aura été désigné ; huit cents francs aussitôt après l'expiration de l'année de responsabilité à laquelle les remplacés sont tenus vis-à-vis de l'état ; et enfin les mille francs restants le

Il est expressément convenu que, dans le cas où, par le fait du sieur Laplace, M. Baron fils serait obligé de servir ou de fournir un nouveau remplaçant, M. Laplace serait tenu de restituer les sommes qu'il aurait déjà reçues, sans préjudice aux dommages-intérêts qui pourront être réclamés contre lui.

Fait double à   , le

2. — Consentement à un engagement militaire.

Tout Français qui veut contracter un engagement volontaire pour le service militaire est tenu, s'il a moins de 20 ans, de justifier du consentement de ses père, mère ou tuteur. — Le tuteur doit être autorisé par le conseil de famille.

ENREGISTREMENT.

Ce consentement est passible du droit fixe de 2 fr. et le décime.

FORMULE D'UN CONSENTEMENT.

Je soussigné Louis Bourgoin, propriétaire, demeurant à   , déclare consentir à ce que Joseph Bourgoin, mon fils, âgé de dix-huit ans révolus, né de mon mariage avec dame Julie Carré, entre au service militaire dans l'armée française, en qualité d'engagé volontaire, et qu'il signe à cet effet tous actes, registres et feuilles d'engagement.

Fait à   , le

(*Signature.*)

BAIL.

C'est l'acte par lequel on s'oblige à faire jouir une personne d'une chose, ou à lui fournir son travail pendant un temps et moyennant un prix que celle-ci s'oblige à vous payer.

Un bail peut être fait verbalement ou par écrit.

On appelle *bail à ferme*, celui qui concerne l'usage des biens ruraux, tels que terres, bois, prés, vignes.

On appelle *bail à loyer*, celui qui concerne le louage des maisons et bâtiments quelconques.

On appelle *bailleur*, celui qui donne à loyer ou à ferme ; *preneur*, *locataire* ou *fermier*, celui qui prend à loyer ou à ferme. (*Voyez, à la fin de l'ouvrage, la loi relative aux contrats de louage.*)

ENREGISTREMENT.

Les baux à ferme ou à loyer des biens meubles ou immeubles, lorsque la durée en est limitée, sont assujettis au droit de 20 cent. par 100 francs sur le prix cumulé de toutes les années et du montant des charges imposées au preneur.

Si le prix est stipulé en une quantité de grains ou de denrées, on l'évalue en argent, d'après les mercuriales, dont le tableau doit être formé chaque année, conformément à l'article 75 de la loi du 15 mai 1818.

Quand il s'agit d'objets dont la valeur ne puisse être constatée par les mercuriales, les parties doivent en faire une déclaration estimative.

Un bail fait pour trois, six ou neuf années est considéré, pour la perception des droits d'enregistrement, comme bail de neuf années.

Le bail d'ouvrage ou d'industrie est passible des droits fixés pour les baux ordinaires.

FORMULES.

1. — Bail d'une Maison.

Entre les soussignés :

M. Victor Bonnot, propriétaire, demeurant à
d'une part ;

Et M. Jules Pérot, architecte, demeurant à
d'autre part ;

Il a été fait les conventions suivantes :

M. Bonnot a, par ces présentes, donné à loyer, pour dix années entières et consécutives, qui commenceront le   , à M. Pérot, qui accepte,

Une maison construite en pierres et couverte en ardoises, sise à   , rue   , consistant en deux corps de bâtiments, avec cour, et environ six ares de jardin clos de murs ; le tout tenant du nord à   , du midi à   , du levant à   , et du couchant à

Ainsi que cette maison et ses dépendances, que M. Pérot déclare parfaitement connaître, se trouvent exister, sans aucune exception ni réserve.

Ce bail est fait aux conditions suivantes, que le preneur s'oblige d'exécuter, savoir :

1° De garnir la maison de meubles et effets suffisants pour répondre du loyer ;

2° De souffrir les grosses réparations qui seraient faites par le bailleur pendant la durée du bail ;

3° D'entretenir ladite maison, et de la rendre à la fin du bail en bon état de réparations locatives;

4° De payer en l'acquit du bailleur toutes les contributions mises ou à mettre sur ladite maison et dépendances, et cela de manière que le bailleur ne soit aucunement recherché à cet égard ;

5° De ne pouvoir céder son droit audit bail, ni sous-louer en tout ou en partie, sans le consentement exprès et par écrit du bailleur, à peine de résiliation, si bon semble à celui-ci, et de tous dommages-intérêts ;

6° De payer tous les frais auxquels ces présentes pourront donner ouverture.

Et en outre, le présent bail est fait moyennant un loyer annuel de   . (*Voir Nᵒˢ 15, 16, 17 et 18.*)

Fait double à   , le

2. — Bail d'Appartement.

Entre les soussignés :

M. Jean-Louis Vatout, propriétaire, demeurant à
d'une part;

Et M. Charles Raimont, capitaine en retraite, cheva-
lier de la légion d'honneur, demeurant à   *d'autre part;*

Il a été convenu ce qui suit :

M. Vatout a, par ces présentes, donné à loyer, pour
trois, six ou neuf années consécutives, au choix respectif des parties, qui devront, dans le cas où elles voudraient faire cesser le bail, s'avertir six mois avant l'expiration des trois ou six premières années du présent
bail, qui commencera le   , à M. Raimont, qui
accepte,

Les lieux ci-après désignés, dépendant d'une maison
sise à   , rue   . savoir :

Au premier étage, à gauche du corridor, un appartement composé de cinq pièces, salle à manger, deux
chambres à coucher, cuisine et chambre de domestique;

Au troisième étage, grenier à droite sur le devant ;

Berceau de cave, le premier à gauche..

Ainsi que ces lieux se trouvent exister, sans aucune
exception ni réserve, le preneur déclarant les connaître
parfaitement et n'en désirer une plus ample désignation.

Ce bail est fait aux charges et conditions suivantes,
que le preneur s'oblige d'exécuter, savoir :

1° De garnir les lieux loués de meubles et effets suffisants pour répondre des loyers ;

2° De les entretenir et de les rendre à la fin du bail
en bon état de réparations locatives ;

3° De souffrir les grosses réparations qu'il serait nécessaire de faire pendant la durée du bail ;

4° De payer exactement les contributions mobilières
et personnelles, et de satisfaire à toutes les charges de
ville et de police dont les locataires sont ordinairement
tenus, et cela de manière que le bailleur ne puisse être
recherché ni inquiété à cet égard ;

5° De ne pouvoir céder son droit au présent bail,
sous-louer en tout ou en partie, sans le consentement
exprès et par écrit du bailleur, à peine de résiliation, nt
bon semble à celui-ci, et de tous dommages-intérêts; si

6° De payer les frais auxquels ces présentes donneront ouverture.

Et en outre, le présent bail est fait moyennant un loyer annuel de   . (*Voir N°s 15, 16 et 17.*)

Fait double à   , le

3. — Louage d'Ouvrage.

Entre les soussignés :

M. Adolphe Compas, entrepreneur de maçonnerie, demeurant à   , patenté à   , pour la présente année, le   , sous le N°   , *d'une part ;*

Et M. Jacques Mortier, ouvrier maçon, demeurant à   .   *d'autre part ;*

A été faite la convention suivante :

M. Mortier s'oblige, à titre de louage, de travailler de son état pendant deux années, qui commenceront le   , et finiront le   , sous la direction et les ordres et pour le compte de M. Compas, qui accepte.

Ce louage est fait aux conditions suivantes :

1° Que la durée de la journée qui pourra être exigée du sieur Mortier sera celle d'usage de la profession dans le pays ;

2° Que le sieur Mortier sera dispensé de tous travaux, même de ceux à faire dans les lieux non publics, pendant les jours fériés ;

3° Etc.

Et en outre, ce louage est fait moyennant douze cents francs pour toute sa durée, que M. Compas s'oblige de payer à M. Mortier, etc.

Fait double à   , le

4. — Bail de Terres.

Entre les soussignés :

M. Narcisse Petit, propriétaire, demeurant à   *d'une part ;*

Et M. Victor Reynier, cultivateur, demeurant à   *d'autre part ;*

Il a été convenu et arrêté ce qui suit :

M. Petit a, par ces présentes, donné à ferme, pour six ou neuf années et six ou neuf récoltes consécutives, au choix respectif des parties, qui devront, dans le cas où ils voudraient faire cesser le bail au bout des six premières années, s'avertir au moins six mois avant l'expiration desdites six premières années dudit bail, qui commencera par la récolte de   , et finira par celle de   , pour entrer en exploitation par les jachères do   , et faire les premières semailles en   , à M. Reynier qui accepte :

1° Vingt-cinq ares trente centiares de terre, sis en lieudit   , terroir de   , tenant du levant à   , du couchant à   , du nord à   , et du midi à

2° (*Désigner toutes les pièces de terre louées.*)

Ainsi que toutes ces pièces de terre, que le preneur déclare parfaitement connaître, se trouvent exister, sans aucune exception ni réserve.

Ce bail est fait aux conditions suivantes, que le preneur s'oblige d'exécuter :

1° De bien cultiver, labourer, fumer et ensemencer ces terres, sans pouvoir les dessoler ni dessaisonner, et de les rendre à la fin du bail en bon état et par soles;

2° De payer en l'acquit du bailleur, et en sus du fermage ci-après stipulé, toutes les contributions auxquelles les pièces de terre peuvent et pourront être imposées ;

3° De ne pouvoir céder son droit au présent bail, ni sous-louer en tout ou en partie, sans le consentement exprès et par écrit du bailleur, à peine de résiliation, si bon semble à celui-ci, et de tous dommages-intérêts ;

4° De payer les frais auxquels ces présentes donneront ouverture.

Et en outre, le présent bail est fait moyennant un loyer annuel de   . (*Voir N°s 15, 16, 17 et 18.*)

Fait double à   , le

5. — Bail d'un Corps de Ferme.

Entre les soussignés :

M. Charles-Henri de Saint-Luc, propriétaire, demeurant à   *d'une part;*

Et M. Jérôme Paturot, cultivateur, demeurant à   *d'autre part ;*

Il a été fait les conventions suivantes :

M. de Saint-Luc a, par ces présentes, donné à ferme,

pour quinze années et quinze récoltes consécutives, qui commenceront le   et finiront le   , pour entrer en exploitation par les jachères de   , et faire les premières semailles de   , à M. Paturot, qui accepte,

Les biens ci-après désignés, sis commune et terroir de   , canton de   , département de

DÉSIGNATION.

1° Un corps de ferme appelé la ferme de la Banchéria, composé de bâtiments en nature d'habitation, bâtiments ruraux et cour, avec un jardin de la contenance de neuf ares quatre-vingt-sept centiares, planté d'arbres fruitiers et fermé de murs aux aspects du nord, du levant et du couchant , et d'une haie vive à l'aspect du midi ; clos de deux hectares trente-deux ares cinquante centiares, contenant deux cents pieds d'arbres et entouré de haies vives.

Le tout tenant d'un côté au chemin d'Angery à Villers, d'autre à M. de Corsin, et des autres points aux terres et prés ci-après désignés :

Terres.

1° Quatre hectares, etc.

Prés.

1° Deux hectares trente ares, etc.

Bois.

1° Un hectare, etc.

Ainsi que lesdits immeubles se poursuivent, étendent, contiennent et comportent, sans en rien excepter, réserver ni retenir.

Ce bail est fait aux charges, clauses et conditions suivantes, que le preneur s'oblige d'exécuter :

1° De prendre les immeubles affermés sans garantie des contenances qui leur ont été assignées, le plus ou le moins de mesure demeurant à ses risques et périls ;

2° De tenir le corps de ferme garni de meubles et effets, grains, fourrages, chevaux, bestiaux, instruments aratoires et ustensiles de ferme suffisants pour répondre des fermages ;

3° D'entretenir les bâtiments et de les rendre à la fin du bail en bon état de toutes réparations locatives ;

4° De souffrir que de grosses réparations soient faites, et de ne pouvoir faire, sous aucun prétexte, des changements à la destination des bâtiments ;

5° De fumer au besoin les prés, de les entretenir à faux courante et en bonne nature de fauche ; de répandre exactement les taupinières et de pratiquer où il sera nécessaire des rigoles pour les irrigations ;

6° De diviser les pièces de terre affermées en un assolement triennal ; de cultiver, fumer et ensemencer lesdites terres dans les temps et saisons convenables, suivant l'ordre des soles qui seront immédiatement établies, et de rendre lesdites terres, à la fin du bail, en bon état et par soles ;

7° D'écheniller et soigner les arbres plantés sur les héritages affermés, et de les cultiver au pied et entretenir en temps et saisons convenables ;

8° De curer, nettoyer et entretenir en bon état les fossés existant sur les biens présentement affermés ;

9° De laisser à la fin du bail, pour l'exploitation alors à s'ouvrir des biens présentement affermés, tous les fumiers provenant de l'exploitation desdits biens, et de consommer dans ladite ferme toutes les pailles et tous les fourrages qui seront récoltés sur la ferme. Dans le cas même où le preneur remiserait dans les bâtiments de la ferme des pailles, foins et autres fourrages provenant, soit de son propre bien, soit d'achats, il sera tenu de les consommer et d'employer les fumiers en provenant sur les terres de la ferme, sans pouvoir en distraire la moindre quantité, sous aucun prétexte ;

10° De laisser à la fin du bail une quantité de terre en prairies artificielles égale à celle qu'il a trouvée en prenant jouissance, quantité qui sera calculée et fixée amiablement entre le bailleur et le preneur dans le cours de la présente année ;

11° De payer, en l'acquit des bailleurs, en sus et par augmentation du fermage, toutes les contributions auxquelles les biens présentement affermés sont et pourront être imposés, sous quelque dénomination que lesdites contributions soient établies, et ce, pendant toute la durée du bail, et de rapporter chaque année quittance du tout au bailleur. — Les parties déclarent que le montant annuel desdites contributions s'élève à la somme de trois cents francs ;

12° De ne pouvoir céder son droit au présent bail, ni sous-louer en tout ou en partie, sans le consentement exprès et par écrit du bailleur. Cependant M. Paturot aura la faculté de céder son droit à M. Jules Stevenin, cultivateur, demeurant avec lui, son neveu. Dans ce cas, il demeurera sa caution et sera obligé solidairement avec lui au paiement des fermages ;

13° De ne pouvoir louer ni acheter, ni faire valoir, soit par lui-même, soit par son neveu qui vient d'être nommé, aucune terre dans un rayon de cinq kilomètres à partir du corps de ferme ;

14° De s'opposer à toutes usurpations et à tous empiètements, et de les dénoncer au bailleur aussitôt qu'il en aura connaissance ;

15° De ne pouvoir répéter contre le bailleur aucune indemnité quelconque, ni aucune diminution, soit sur le fermage, soit sur les charges du présent bail, pour cause de grêle, sécheresse, gelée, stérilité, inondation, et autres cas fortuits prévus et non prévus ;

16° En un mot, d'en jouir en bon père de famille.

Et en outre, le présent bail est fait moyennant un fermage annuel de   . (*Voir N*°ˢ *15, 16, 17 et 18.*)

Fait double à   , le

6.—Bail d'une Maison de Campagne.

Entre les soussignés (*Voir N° 10 et suivants.*)

Une maison consistant en maison de maître, composée de (*Désignation*), remise, bûcher, écuries, maison de jardinier, etc. ; lesquelles maison et dépendances ledit preneur déclare bien connaître pour les avoir suffisamment vues et visitées.

Le présent bail est fait aux conditions suivantes. (*Voir les formules précédentes.*)

Le preneur aura le droit de chasser et faire chasser sur toute l'étendue des terres à lui présentement louées. Il pourra aussi pêcher et faire pêcher de telle façon qu'il voudra, dans les fossés et dans l'étang qui font partie du présent bail.

Ledit preneur fera entretenir et tailler les allées de charmilles et les espaliers. Il fera tondre en saison convenable les arbres des allées.

Et en outre, le présent bail est fait moyennant   , etc.

Fait double à   , le

7. — Bail d'un Moulin à Farine.

Entre les soussignés :

M. B...., demeurant à   ,   *d'une part ;*

Et M. D...., demeurant à   ,   *d'autre part ;*

Il a été convenu ce qui suit :

M. B.... a, par ces présentes, donné à loyer, pour années consécutives, qui commenceront le , et finiront le

A M. D...., qui accepte,

Un moulin à eau faisant de blé farine, établi sur la rivière de   , commune de   , garni de deux paires de meules, ustensiles, tournants et travaillants.

Il se compose d'un corps de bâtiment, etc. (*Faire la désignation des lieux dans lesquels il est renfermé, du corps-de-logis, etc.*) (*Voyez* Désignation.)

Ainsi que le tout se trouve exister, et dont il n'est pas fait une plus ample désignation, le preneur déclarant avoir une parfaite connaissance de l'usine et des propriétés qui en dépendent.

Le présent bail est fait aux conditions suivantes, que le preneur s'oblige d'exécuter, savoir :

1° De prendre le moulin et ses accessoires dans l'état où ils se trouveront le jour de l'entrée en jouissance;

2° D'entretenir le moulin et les bâtiments en dépendant, ainsi que les vannes, le canal et la chaussée, afin de rendre le tout, à la fin du bail, en bon état de réparations locatives;

3° De souffrir les grosses réparations qui seront à faire, sans pouvoir prétendre à aucune indemnité ;

4° De ne pas souffrir aucun usage qui pourrait passer en servitude ; il restera garant et responsable des négligences et de l'inobservation des règlements relatifs à la levée des fausses vannes lorsque les moulins sont arrêtés ;

5° De garnir ledit moulin de meubles, effets mobiliers, bestiaux et ustensiles d'exploitation nécessaires pour bien faire valoir et pour garantir le paiement des loyers et l'exécution des charges, clauses et conditions ci-dessus stipulées ;

6° Il pourra céder son droit au présent bail, en restant caution des nouveaux preneurs, ou en faisant accepter au bailleur une caution bonne et solvable ;

7º De payer, à l'acquit du bailleur, les contributions de toute nature auxquelles lesdits moulin et dépendances pourront être imposés ;

8º Etc.

Et en outre, le présent bail est fait moyennant un loyer annuel de   , etc. (*Voir N*os 15, 16, 17 *et* 18.)

Fait double à   , le

8. — Bail de Pré.

Entre les soussignés :

M. N....,   *d'une part;*

Et M. P....,   *d'autre part ;*

Il a été convenu ce qui suit :

M. N.... a, par ces présentes, donné à ferme, qui commencera dès ce jour, et finira le

A M. P...., qui accepte,

Un pré de la contenance de deux hectares, situé commune de   , lieudit   , tenant du nord à   , du midi à

Ce bail est fait aux conditions suivantes, que le preneur s'oblige d'exécuter, savoir :

1º De prendre ledit pré dans l'état où il est actuellement, sans aucune exception ni réserve, et sans garantie de la mesure qui vient de lui être assignée ;

2º D'en jouir en bon père de famille ;

3º

Et en outre, le présent bail est fait moyennant un fermage de   . (*Voir N*os 15, 16, 17 *et* 18.)

Fait double à   , le

9. — Bail d'une boutique.

Entre les soussignés :

M. B....,   *d'une part ;*

Et M. D....,   *d'autre part;*

Il a été convenu ce qui suit :

M. B.... donne, par les présentes, à loyer, pour neuf années consécutives, qui commenceront le   prochain, et finiront le

Tout le rez-de-chaussée d'une maison, sise rue   , portant le Nº   , composée d'une boutique sur ladite rue   , arrière-boutique, chambre à coucher, cuisine au fond ; cour ; magasin au bout de ladite cour. Avec droit aux lieux d'aisances et à la pompe qui se trouvent également dans la cour.

Desquels lieux le preneur déclare avoir une parfaite connaissance.

Le présent bail est fait aux conditions suivantes, que le preneur s'oblige d'exécuter :

1° De ne rien changer à la devanture de la boutique sans le consentement exprès et par écrit du bailleur ;

2° De ne faire d'autre commerce que celui de
pour l'exercice duquel le présent bail est consenti ;

3° (*Voir, pour les autres conditions, le N° 2.*)

10. — Intitulé d'un bail consenti pour une année ou plusieurs années consécutives.

Entre les soussignés :

M. Joseph Régnier, propriétaire, demeurant à
d'une part ;

Et M. Louis Doche, menuisier, demeurant à
d'autre part ;

Il a été convenu ce qui suit :

M. Régnier a, par ces présentes, donné à loyer (*ou à ferme*), pour une année consécutive, qui commencera le
, et finira le
A M. Doche, qui accepte, etc.

11. — Intitulé d'un bail consenti pour trois, six ou neuf années.

Entre les soussignés, etc.

M. R.... a, par ces présentes, donné à loyer (*ou à ferme*), pour trois, six ou neuf années, qui commenceront le   . au choix respectif des parties, à la charge par elles de se prévenir par écrit six mois avant l'expiration des trois ou six premières années,

A M. D...., qui accepte, etc.

12. — Autre formule.

Entre les soussignés, etc.

M. R.... a, par ces présentes, donné à ferme, pour six ou neuf années et six ou neuf récoltes consécutives, au choix respectif des parties, qui devront, dans le cas où ils voudraient faire cesser le bail au bout des six premières années, s'avertir par écrit six mois avant l'expiration desdites six premières années dudit bail, qui commencera par la récolte de   , et finira

A M. D...., qui accepte, etc.

13. — **Bail par un mineur émancipé.**

Entre les soussignés :

M. Joseph Richard, propriétaire, demeurant à   ,
mineur émancipé par délibération du conseil de ses parents et amis, réunis sous la présidence de M. le juge-de-paix du canton de   , suivant procès-verbal en date du   , enregistré,

(*Ou bien* : mineur émancipé par le fait de son mariage, dont la célébration a eu lieu à   , le   ),

d'une part ;

Et M. C...., etc.   *d'autre part ;*

14. — **Bail par un tuteur.**

Entre les soussignés :

M. Louis Cahart, propriétaire, demeurant à   ,
au nom et comme tuteur de Charles Dupuis, fils mineur de   , et de dame   , son épouse, tous deux décédés à   , nommé à ladite qualité de tuteur, qu'il a acceptée, par délibération du conseil de famille dudit mineur, prise sous la présidence de M. le juge-de-paix du canton de   , suivant procès-verbal en date du   , enregistré,   *d'une part ;*

Et M. C....,   *d'autre part ;*

Il a été convenu ce qui suit :

M. Cahart, en sa qualité de tuteur, a, par ces présentes, donné à bail, etc.

15. — **Condition de paiement en un seul terme.**

Et en outre, le présent bail est fait moyennant un loyer annuel de   , que le preneur s'oblige de payer en un seul paiement, le   , sans intérêts jusqu'à cette époque, mais avec intérêts à 5 p. 100 par an à compter dudit jour.

16. — **Condition de paiement en plusieurs termes.**

Et en outre, le présent bail est fait moyennant un loyer annuel de   , que le preneur s'oblige de payer au bailleur et en son domicile, en quatre paiements égaux, de trois mois en trois mois, dont le pre-

3*

mier aura lieu le   ; le second, le   ; pour
ainsi continuer de terme en terme et d'année en année,
jusqu'à l'expiration du présent bail.

17. — Autre condition de paiement.

Et en outre, le présent bail est fait moyennant la
somme de mille francs, que le preneur s'oblige de payer
à M.   , en son domicile, savoir : moitié le   ,
et l'autre moitié le   de chaque année, pour
ainsi continuer de six mois en six mois et d'année en année, jusqu'à l'expiration du présent bail.

18. — Condition de paiement en monnaie et non autrement.

Tous ces paiements ne pourront valablement s'effectuer qu'en bonnes espèces d'or ou d'argent ayant cours
de monnaie en France, et non en billets, effets, papier-
monnaie ou autres valeurs fictives dont le cours, même
forcé, pourrait être introduit en France par toutes lois et
décrets.

19. — Cautionnement d'un Bail.

Au présent bail est intervenu le sieur B....; lequel a
déclaré se rendre et constituer garant et caution solidaire
envers le sieur C...., bailleur, pour le sieur D...., preneur, de l'exécution du bail ci-dessus, dans tout son
contenu, comme s'il était lui-même preneur dudit bail,
ce qui est accepté par ledit bailleur.

20. — Clause par laquelle on défend de sous-louer.

Le preneur ne pourra céder son droit au présent bail,
en tout ou en partie, ni échanger avec qui que ce soit,
l'exploitation, soit totale, soit partielle desdits biens,
sans le consentement exprès et par écrit du bailleur, à
peine de tous dommages-intérêts, et même de résiliation des présentes, si bon semble audit bailleur.

21. — Modèle d'un état des lieux sous seing-privé.

Etat des lieux d'une maison sise à   , rue   ,
N°   , louée par le sieur B.... au sieur C...., par bail
sous seing privé, fait double à   , le
(*ou par-devant M*   , notaire à   , suivant
acte en date du   .)

Ladite maison consiste (*Faire la désignation des lieux et la description des divisions, le nombre des portes, leurs serrures, croisées, glaces, tableaux, dessus de portes, buffets, armoires, tablettes, alcôves, etc.*)

On commencera par la cave, ensuite le rez-de-chaussée, le premier étage, etc. ; on constate le bon ou le mauvais état des choses, les dimensions, pièce par pièce, partie par partie.

Fait double à   , le

RÉSILIATION DE BAIL.

On entend par résiliation en général, l'acte par lequel les parties qui avaient fait une convention consentent volontairement qu'elle n'ait pas lieu.

ENREGISTREMENT.

La résiliation de bail est passible, comme le bail lui-même, du droit proportionnel de 20 cent. par 100 fr. Seulement, ce droit ne se perçoit que sur le prix cumulé des années qui restent à courir.

FORMULES.

1. Résiliation de Bail sans indemnité.

Entre les soussignés :

M. Hippolyte Lucas, propriétaire, demeurant à
d'une part;

Et M. Polydore Pingot, cultivateur, demeurant à
d'autre part;

Il a été convenu ce qui suit :

Lesdits sieurs Lucas et Pingot sont convenus de résilier, comme de fait ils résilient purement et simplement par ces présentes, à partir du   , le bail fait pour six ans, à compter du   , par le sieur Lucas au sieur Pingot, d'une pièce de pré sise à   , etc., moyennant un fermage annuel de cent trente francs, ainsi qu'il résulte d'un acte reçu par M^e   , notaire à   , le   , enregistré.

En conséquence, ledit sieur Pingot s'oblige à rendre ladite pièce de pré ledit jour   , et à payer le fermage qui doit échoir à cette époque.

Fait double entre les parties à   , le

2. Résiliation de Bail avec indemnité.

Entre les soussignés :

M. Ponce Davant, propriétaire, demeurant à

d'une part ;

Et M. Eugène Ledru, cultivateur, demeurant à

d'autre part ;

Il a été convenu et arrêté ce qui suit :

Lesdits sieurs Davant et Ledru sont convenus de résilier, comme de fait ils résilient par ces présentes, à partir du   , le bail fait par M. Davant, pour neuf années consécutives, qui ont commencé à courir le   , d'une ferme dite   , située terroir de   , moyennant un fermage annuel de trois mille francs, outre les charges et conditions, ainsi qu'il résulte d'un acte sous seing-privé, fait double à   , le   , enregistré.

En conséquence, ledit sieur Ledru devra quitter ladite ferme et remettre les bâtiments, en bon état de réparations locatives, ledit jour   , et en même temps payer les fermages qui pourront alors être dus.

La présente résiliation est consentie, de la part de M. Ledru, moyennant une indemnité de douze cents francs, que M. Davant promet et s'oblige de payer audit M. Ledru, le   , sans intérêt jusqu'à ce jour, mais avec intérêt à raison de cinq pour cent par année, à partir dudit jour, en cas de non paiement à cette époque.

(Mettre ici les autres conditions, s'il y en a.)

Fait double entre les parties à   , le

LETTRE DE CHANGE, BILLET A ORDRE.

(Voyez Code de commerce, art. 188 et suivants.)

ENREGISTREMENT.

Les billets à ordre *peuvent n'être présentés à l'enregistrement qu'avec le protêt. Ils sont passibles du droit de 50 cent. par 100 fr.*

Les lettres de change sont passibles du droit de 25 cent. par 100 francs.

L'acceptation, l'endossement et l'aval sont exempts de tous droits d'enregistrement.

FORMULES.

1. Lettre de change payable à l'ordre du tireur.

Paris, le   B. P. F. 1000 »»

Le   prochain, il vous plaira payer, par ce mandat, à mon ordre, la somme de mille francs, valeur reçue en marchandises (*ou en argent*, ou pour solde de compte), suivant avis de ce jour (*ou avis du*   ).

A Monsieur   *(Signature.)*
B...., à

2. — Lettre de change payable à l'ordre d'un tiers.

Paris, le   B. P. F. 1000 »»

Le   prochain, il vous plaira payer, par ce mandat, à M.   ou à son ordre, la somme de mille francs, valeur en compte que passerez suivant avis de ce jour.

3. — Lettre de change à vue.

Paris, le   B. P. F. 1000 »»

A vue (*ou à quinze jours de vue*), il vous plaira payer
(Comme les précédentes.)

LETTRE DE CHANGE TIRÉE PAR PRE- MIÈRE, SECONDE ET TROISIÈME.

On peut tirer une même lettre de change par *première, seconde* et *troisième*. C'est afin de s'assurer que la lettre de change parviendra à sa destination. L'acquit de l'une des lettres annule les autres. Elles doivent être ainsi conçues :

4. — Première Lettre de change.

Première. Paris, le   B. P. F. 1 000 »»
Au quinze Mai prochain, il vous plaira payer, par cette première de change, à M. B.... ou à son ordre, la somme de mille francs, valeur reçue en marchandises *(ou* en compte), que passerez suivant l'avis de ce jour.
A Monsieur
B...., à   *(Signature.)*

5. — Deuxième Lettre de change.

Seconde. Paris, le   B. P. F. 1 000 »»
Au quinze Mai prochain, il vous plaira payer, par cette seconde de change (la première ne l'étant pas), à M. B.... *(Le reste comme dans la première.)*

6. — Troisième Lettre de change.

Troisième. Paris, le   B. P. F. 1 000 »»
Au quinze Mai prochain, il vous plaira payer, par cette troisième de change (la première et la seconde ne l'étant pas), à l'ordre de M. B.... *(Le reste comme à la première.)*

7. — Acceptation.

Accepté payer la somme de *(en toutes lettres)*, à mon domicile, le
Fait à   , le   *(Signature.)*

8. — Billet à ordre.

Le quinze Janvier prochain, je paierai à M.   ,
négociant à   , ou à son ordre, la somme de cinq cents francs, valeur reçue en espèces d'argent *(ou*

en marchandises), payable à mon domicile, à (ou au domicile de M.   )

Fait à   , le   *(Signature.)* (1)

9. — Billet souscrit par plusieurs.

Le   prochain, nous paierons, solidairement, à M.   ou à son ordre, la somme de *(En toutes lettres)*, valeur reçue   *(Voir la formule précédente.)*

10. — Billet souscrit par le mari et la femme.

Le premier Mars prochain, je paierai, solidairement avec ma femme, que j'autorise, à M.   ou à son ordre, la somme de   *(Voir formule N° 8.)*

11. — Endossement.

Passé à l'ordre de M.   , valeur en compte *(ou valeur reçue en argent, ou en marchandises.)*

A   , le   *(Signature.)*

12. — Aval.

Je soussigné   , m'oblige à payer la somme de   , montant du billet ci-dessus, s'il n'est pas acquitté à son échéance par le souscripteur.

13. — Autre formule.

Pour aval de M.   , souscripteur du présent billet *(ou l'un des endosseurs).*

A   , le   *(Signature.)*

14. — Acquittement d'un Billet.

Pour acquit. — A   , le

(Signature.)

---

(1) Quand le corps du billet n'est pas écrit par le souscripteur, celui-ci, avant de signer, écrit en toutes lettres : *Bon pour   francs.*

OBLIGATION, PRÊT, RECONNAISSANCE.

L'obligation ou le prêt est un acte par lequel on livre à une personne une *chose* pour s'en servir, à la charge de la rendre après s'en être servie.

Il y a deux sortes de prêt : celui de choses dont on peut disposer sans les détruire, et celui de choses qui se consomment par l'usage qu'on en fait. (*Voyez, à la fin de l'ouvrage, la loi sur les prêts.*)

FORMULES.

1.—Obligation par un homme seul.

ENREGISTREMENT.

Droit de 50 cent. par 100 francs.

Je soussigné Jean Robin, menuisier, demeurant à   , reconnais que M. Louis Dubois, propriétaire, demeurant à   , m'a prêté aujourd'hui la somme de   , que je m'oblige de lui rendre et rembourser le   , et de lui servir les intérêts de ladite somme à raison de cinq pour cent par an à partir de ce jour, jusqu'à son remboursement.

Fait à   , le   (1)

2.—Obligation par un mari et sa femme.

ENREGISTREMENT.

Droit de 50 cent. par 100 francs.

Les soussignés Prosper Dupré, cultivateur, et dame Julie Carré, son épouse, qu'il autorise à l'effet des pré-

(1) Il faut que cet acte soit écrit, autant que possible, par la personne qui contracte l'obligation ; sinon, elle doit mettre en toutes lettres : *Bon pour la somme de*   , et ajouter aussi de sa main avant de signer : *Approuvé l'écriture ci-dessus.*

sentes, demeurant tous deux à   , reconnaissent
que M. C...., demeurant à   , leur a prêté cejour-
d'hui la somme de   ; laquelle somme ils promettent et s'obligent, conjointement et solidairement, de
rendre et payer à M. C.... dans cinq ans, et, jusqu'au
remboursement, de lui en servir les intérêts à raison de
cinq (1) pour cent par an, payable annuellement, le tout
à compter de ce jour.

Fait à   , le

3.— Condition de remboursement en plusieurs paiements.

Laquelle somme de   ils promettent, conjointement et solidairement, de rendre et rembourser à M.
C.... et en sa demeure, en quatre paiements égaux, qui
auront lieu, savoir : le premier, le   ; le second,
le   , etc., avec intérêts à raison de cinq pour
cent par an à partir de ce jour, payables avec chaque
fraction du principal.

4.— Obligation pour argent dû.

ENREGISTREMENT.

Droit de 50 cent. par 100 francs sur le capital dû.

Je soussigné C...., demeurant à   , reconnais
devoir à M. B.... la somme de   , pour (*Exprimer la cause*), laquelle somme je promets et m'oblige de
lui rendre et rembourser, avec intérêts à raison de cinq
pour cent par an (*ou sans intérêts*), le   (ou à sa
première demande).

Fait à   , le

5.— Obligation d'une somme produisant légalement intérêt à 6 pour cent.

Je soussigné Joseph Many, charron, demeurant à
           , reconnais devoir à M. Louis Delarbre, marchand
de bois, demeurant à   , la somme de   .
pour fournitures de bois qu'il m'a faites durant l'année
           ; laquelle somme je promets et m'oblige de
lui payer le   , et, attendu la nature commer-

---

(1) Les intérêts conventionnels ne pourront excéder, en matière
civile, 5 pour cent, et en matière commerciale, 6 pour 100. (*Loi du
3 Sept.* 1807.)

ciale de la dette, avec intérêts à raison de six pour cent par an.

Fait à   , le

6.—Clause pour faire produire des intérêts aux intérêts.

En cas de retard de paiement des intérêts ci-dessus stipulés, ces intérêts produiront eux-mêmes des intérêts chaque année, à raison de cinq pour cent par an, à compter du jour où ils seront échus, sans qu'il soit besoin d'en faire la demande judiciairement. Ces intérêts seront payables aux mêmes époques que ceux pour raison desquels ils seront dus.

7.—Prêt à usage d'un Cheval (1).

ENREGISTREMENT.

Droit fixe de 2 francs.

Entre les soussignés :

M. B...., demeurant à   *d'une part ;*

Et M. C...., demeurant à   *d'autre part ;*

Il a été convenu ce qui suit :

M. C...., par ces présentes, reconnaît que M. B...., à ce présent, lui a prêté son cheval, pour labourer ses terres, rentrer ses moissons, faire les voyages qu'il aura à faire, et généralement pour faire tout ce que ledit C.... voudra lui faire faire, à la condition de s'en servir en bon père de famille. (*Mettre les autres conditions, s'il y en a.*)

M. C.... promet de rendre ledit cheval à M. B.... le   , en bon état ; et, dans le cas où le cheval serait, à ladite époque, ou malade ou en mauvais état, soit par suite d'accident, soit par suite de maladie, soit pour cause de mauvais traitements, M. C.... sera tenu de payer à M. B.... la somme de   , prix auquel ils estiment ledit cheval.

Fait double à   , le

---

(1) Le prêt à usage est un contrat par lequel l'une des parties livre *gratuitement* une chose à l'autre pour s'en servir.

Il est essentiel que ce prêt soit fait gratuitement, car, s'il y était attaché quelques récompenses, soit en argent, soit en une autre chose à donner ou à faire, ce serait un contrat de louage passible du droit proportionnel de 20 cent. par 100 fr. (*Voyez Bail.*)

CAUTIONNEMENT.

C'est l'acte par lequel on s'oblige d'acquitter une obligation d'un tiers dans le cas où celui-ci ne l'acquitterait pas lui-même. (*Voir, à la fin de l'ouvrage, la loi relative aux cautionnements.*)

FORMULES.

1. — Caution simple pour le paiement d'une somme (1).

ENREGISTREMENT.

Droit de 50 cent. par 100 fr.

Je soussigné B...., demeurant à   , promets et m'oblige, par le présent, comme caution de M. C...., de payer à M. D.... la somme de   , qui lui est due par ledit sieur C...., en vertu d'une oblig..tion sous seing-privé, en date du   , enregistrée, payable le   , pour le cas où ledit sieur C.... ne satisferait pas à cette obligation.

2. — Caution solidaire (2) pour le paiement d'une somme.

ENREGISTREMENT.

Droit de 50 centimes par 100 fr.

Je soussigné Louis Dubois, cultivateur, demeurant à   , promets et m'engage, en mon nom personnel,

---

(1) Dans le cautionnement *simple*, la caution n'est obligée à payer le créancier qu'à défaut du débiteur, qui doit être préalablement *discuté*, c'est-à-dire poursuivi et exécuté dans ses biens, et qu'il soit justifié qu'il est dans l'impossibilité de payer.

(2) Dans le cautionnement *solidaire*, le créancier peut s'adresser à la caution aussi bien qu'au débiteur principal, à son choix, pour se faire payer.

La solidarité doit, pour exister, être formellement stipulée dans l'acte.

comme caution solidaire de M. B...., de payer à
M. C.... la somme de   , que ledit B.... lui doit
en vertu de   ; ladite somme, payable le   ,
dans le cas où ledit M. B.... n'effectuerait pas le paiement de ladite obligation au temps fixé, renonçant au
bénéfice de discussion.

3. — Cautionnement simple pour une vente.

ENREGISTREMENT (1).

*Droit de 5f,50 pour 100 pour le prix de vente, et
droit de 50 cent. par 100 fr. pour le cautionnement.*

Entre les soussignés :
M. N...., demeurant à   *d'une part;*
Et M. B...., demeurant à   *d'autre part;*
Il a été convenu ce qui suit :
M. N.... a, par ces présentes, vendu, etc., à M. B....,
qui accepte, les objets mobiliers suivants : (*Désigner les
objets.*)
La présente vente est faite aux conditions suivantes :
(*Mettre les conditions de la vente.*)
Et en outre, cette vente est faite moyennant la somme
principale de
A ces présentes est intervenu M. Louis Dubois, pro-
priétaire, demeurant à   , lequel a déclaré se
rendre et constituer caution dudit sieur B...., acquéreur,
et s'est engagé, en son nom personnel, à payer audit
N.... ladite somme de   , prix de son acquisition,
dans le cas où ledit B.... ne l'acquitterait pas aux
époques fixées ci-dessus.
Fait triple à   , le

4. — Cautionnement solidaire pour un bail.

ENREGISTREMENT (2).

*Droit de 20 centimes pour 100 pour bail, et droit de
10 centimes par 100 francs pour cautionnement sur le
prix cumulé de toutes les années à courir.*

---

(1) Le droit de cautionnement n'est dû que sur le capital cautionné
et les intérêts échus, et non sur les intérêts à échoir, à moins que le
cautionnement n'ait pour objet que ces intérêts.
(2) Si le cautionnement est donné pendant la durée du bail, le droit
de 10 cent. par 100 fr. n'est dû que sur le prix cumulé des années qui
restent à courir. En général, le droit n'est dû que sur la somme cautionnée.

(Après que l'acte de bail est terminé, on ajoute :)

A ces présentes est intervenu M. B...., demeurant à   ; lequel a déclaré, par ces présentes, se rendre et constituer caution du sieur N....., preneur, envers le bailleur, qui accepte, et s'obliger, solidairement avec ledit preneur, au paiement exact du loyer (*ou du fermage*), et à l'exécution de toutes les charges stipulées dans le bail ci-dessus.

Fait triple à   , le

5. — Obligation avec cautionnement solidaire.

ENREGISTREMENT.

Droit de 50 cent. par 100 fr. pour obligation, et 50 cent. par 100 fr. pour cautionnement.

Entre les soussignés :

M. B...., demeurant à   *d'une part ;*

Et M. C...., demeurant à   *d'autre part ;*

Il a été convenu ce qui suit :

M. C.... a, par ces présentes, reconnu que M. B..., lui a prêté aujourd'hui la somme de

En conséquence, il promet et s'oblige de rendre et payer ladite somme de   , à M. B,...., dans le délai de   , etc.

A ces présentes est intervenu M. Joseph Pia, propriétaire, demeurant à   ; lequel a déclaré se rendre et constituer caution solidaire de M. C.... envers M. B...., qui l'accepte, et s'obliger avec lui au remboursement de ladite somme de   , et au paiement des intérêts de la manière ci-dessus établie.

Fait triple à   , le

6. — Obligation avec cautionnement solidaire pour partie de la dette.

ENREGISTREMENT.

Droit de 50 cent. par 100 fr. pour obligation , et de 50 cent. par 100 francs sur la somme cautionnée seulement.

Entre les soussignés (*Voir la formule précédente.*)

A ces présentes est intervenu M. Joseph Pia, propriétaire, demeurant à   ; lequel a déclaré se rendre et constituer caution solidaire de M. C.... envers M. B....., qui l'accepte, mais seulement jusqu'à concurrence de la somme de   , et des intérêts qu'elle produira ; et il s'est obligé, solidairement avec ledit sieur C...., au paiement de ladite somme de   , aux époques et de la manière ci-dessus stipulées.

Fait triple (1) à   , le

7.—Cautionnement simple par plusieurs (2).

ENREGISTREMENT.

Bien que le cautionnement soit donné par plusieurs, il n'est dû qu'un droit de 50 centimes par 100 francs sur le capital cautionné.

Les soussignés B...., C.... et D.... (*Noms, prénoms et domiciles*) ont, par ces présentes, déclaré se rendre et constituer cautions du sieur N.... envers M. P...., qui accepte, et s'obliger au paiement de la somme de   , que ledit sieur N.... doit au sieur P...., en vertu de (*Enoncer le titre*) ; et ce, aux époques et de la manière dont ledit N.... en est tenu.

Fait quintuple (3) à   , le

8. — Cautionnement par plusieurs, avec renonciation au bénéfice de division.
(*Voyez les notes de la formule N° 7.*)

ENREGISTREMENT.

Droit de 50 centimes par 100 francs.

Les soussignés B...., C.... et D.... (*Noms, prénoms et domiciles*) ont, par ces présentes, déclaré se rendre et constituer cautions du sieur N...., demeurant à   , envers M. P...., demeurant à   , qui accepte, et s'obliger tous trois au paiement de la somme de   , que ledit sieur N.... doit au sieur P...., en vertu de sa reconnaissance sous seing-privé, en date du   , enregistrée, ainsi qu'au paiement des

---

(1) Il faut autant de doubles qu'il y a de comparants dans l'acte : un pour le créancier, un pour le débiteur, et un pour la caution.

(2) Lorsque plusieurs personnes se sont rendues cautions d'un même débiteur, pour une même dette, elles sont obligées chacune à toute la dette. (*Code civil*, 2 025.) Cependant chacune d'elles peut, à moins qu'elles n'aient *renoncé au bénéfice de division*, ou qu'elles se soient *obligées solidairement*, exiger que le créancier divise préalablement son action, et la réduise à la part et portion de chaque caution. (*Code civil*, 2 026.)

(3) Il faut cinq doubles, puisqu'il y a cinq parties dans l'acte.

intérêts à échoir, dans le cas où ledit M. N.... n'effectuerait pas lesdits paiements au temps fixé, renonçant même, lesdits sieurs B...., C.... et D...., au bénéfice de division.

Fait quintuple à   , le

9.—Cautionnement solidaire par plusieurs.

(Voir les notes de la formule N° 7.)

ENREGISTREMENT.

Droit de 50 centimes par 100 francs.

Les soussignés B...., C.... et D.... (*Noms, prénoms et domiciles*) ont, par ces présentes, déclaré se rendre et constituer cautions du sieur N...., demeurant à   , envers M. P...., demeurant à   , qui accepte, et s'obliger tous les trois, solidairement avec lui, au paiement de la somme de   , qu'il doit au sieur P...., pour   , *ou en vertu de*   (*Enoncer le titre*); et ce, aux époques et de la manière dont ledit sieur N.... en est tenu.

DÉPOT.

C'est un acte par lequel on reçoit *gratuitement* une chose d'une personne, à la charge de la garder et de la restituer en nature. (*Voyez, à la fin de l'ouvrage, la loi relative aux dépôts.*)

Il y a deux espèces de dépôt : le dépôt proprement dit et le *séquestre*. (*Voyez ce mot.*)

FORMULES.

1.—Reconnaissance de Dépôt de Meubles.

ENREGISTREMENT.

Droit fixe de 2 francs.

Je soussigné Louis Moreau, propriétaire, demeurant à   , reconnais, par les présentes, que M. B...., demeurant à   , m'a remis en dépôt aujourd'hui les meubles dont la désignation suit : 1°   , etc. Je consens à conserver ces meubles jusqu'au moment où il plaira à M. B.... de me les réclamer.

Fait à   , le

2. — Reconnaissance de Dépôt de Marchandises.

ENREGISTREMENT.

Droit fixe de 2 francs

Je soussigné M.   , reconnais par le présent que M. B.... m'a remis en dépôt (*Désigner les marchandises*), que je promets lui rendre, à sa réquisition ou à la personne fondée de pouvoirs de lui à cet effet, en tel état que je les ai reçues de lui ; sauf le cas où, par événement imprévu ou force majeure, lesdites marchandises viendraient à périr.

Fait à   , le

3. — Reconnaissance de Dépôt d'Argent (1).

ENREGISTREMENT.

Droit de 50 centimes par 100 francs.

Je soussigné M.   , demeurant à   , reconnais par le présent que M. B.... m'a remis cejourd'hui en dépôt la somme de mille francs, en vingt-cinq pièces d'or de vingt francs chacune, et cent pièces d'argent de cinq francs ; laquelle somme de mille francs je consens à garder à titre de dépôt, et m'oblige à la lui rendre, où, pour lui, au porteur de son fondé de pouvoir, en mêmes espèces que celles qu'il m'a remises, aussitôt que j'en serai requis.

4. — Reconnaissance de Dépôt en cas d'événement.

ENREGISTREMENT.

Droit fixe de 2 francs.

Je soussigné B....., reconnais que cejourd'hui M. C...., forcé par (*incendie, inondation ou écroulement de sa maison*), de retirer de son domicile ses meubles et effets, a

---

(1) Lorsque le dépôt consiste en argent, le dépositaire n'en doit pas les intérêts. Cependant, s'il était mis en demeure de restituer, il devrait les intérêts du jour de la demande. (*Code civil*, 1936)

déposé dans ma maison les objets suivants *(Désigner les objets)*; lesquels ont été placés *(Désigner les lieux)*. Je m'oblige à les lui remettre à toute réquisition de sa part, sans aucune rétribution ni indemnité quelconque.

5. — Décharge de Dépôt.

ENREGISTREMENT.

Droit fixe de 2 francs.

Je soussigné reconnais que M. C.... m'a remis cejourd'hui, sur la demande que je lui en ai faite, les meubles et effets que j'avais déposés en sa maison, le   ; lesquels consistent en *(Les désigner)*, et que j'ai trouvés en même état que je les avais déposés. En conséquence, je le tiens quitte et décharge dudit dépôt.

SÉQUESTRE.

Le séquestre est le dépôt fait, par une ou plusieurs personnes, d'une chose contentieuse entre les mains d'un tiers, qui s'oblige de la rendre, après la contestation terminée, à la personne qui sera jugée devoir l'obtenir. *(Voyez, à la fin de l'ouvrage, la loi sur le séquestre.)*

ENREGISTREMENT.

Droit fixe de 2 francs.

FORMULES.

1. — Séquestre conventionnel.

Entre les soussignés :

M. B...., demeurant à   *d'une part ;*

Et M. C...., demeurant à   *d'autre part ;*

Il a été convenu ce qui suit :

Que les marchandises *(ou meubles)* qui sont actuellement en la possession de M. D...., demeurant à   , et qui consistent *(Les désigner)*, formant entre les soussignés l'objet d'une contestation, seront, de leur consentement, séquestrées entre les mains de M. F...., demeurant à   , jusqu'à ce que la contestation soit définitivement jugée, sans qu'aucun d'eux puisse retirer lesdites marchandises, qui ne pourront être remises qu'à celui qui, par l'événement du jugement à intervenir, en sera reconnu définitivement propriétaire.

A ces présentes est intervenu ledit sieur F...., lequel a déclaré consentir se charger du séquestre desdites marchandises, et se conformer à la présente convention.

Fait triple à   , le

2. — Séquestre volontaire d'un Immeuble.

Entre les soussignés *(Voir la formule N° 1.)*
A été convenu ce qui suit :
En attendant que le tribunal de   ait prononcé sur la contestation qui nous divise relativement à la maison *(Désigner le lieu où est située la maison, et pourquoi la contestation relative à cette maison)*, de notre libre volonté et pour épargner des frais, nous nommons séquestre de ladite maison le sieur F...., cultivateur, demeurant à   ; lequel sera chargé de recevoir et garder entre ses mains les loyers échus et à échoir, de payer les contributions de ladite maison, sans qu'aucun de nous puisse rien prétendre desdits loyers jusqu'à ce que le tribunal de   ait prononcé. Les frais du séquestre seront à la charge de celui contre lequel le tribunal de   aura prononcé.

A ce est intervenu ledit sieur F....; lequel a déclaré accepter ledit séquestre, et a promis apporter tous ses soins à la conservation de ladite maison, en recevoir les loyers, en acquitter les impôts sur le produit desdits loyers, et conserver entre ses mains les fonds qui en proviendront, pour être remis, après le jugement du tribunal de   , à qui il appartiendra.

Fait et signé triple à   , le

3. — Séquestre volontaire d'un Cheval.

Entre les soussignés *(Voir formule N° 1.)*
A été convenu ce qui suit :
Que le cheval qui est l'objet de la contestation qui

existe entre nous, lequel est maintenant dans l'écurie du sieur N...., sera mis en séquestre chez le sieur F...., où il restera jusqu'à ce que ladite contestation qui nous divise soit terminée. Aucun de nous ne pourra le retirer dudit séquestre qu'après y avoir été autorisé par la décision des arbitres que nous choisirons, à peine de dommages-intérêts envers l'autre.

Il est convenu que les frais de séquestre et de nourriture du cheval seront à la charge de celui contre lequel les arbitres auront prononcé.

Fait et signé double à   , le

COMPROMIS.

C'est l'acte par lequel deux ou plusieurs personnes nomment des arbitres pour prononcer sur une contestation qui les divise. (*Voyez Code de procédure, article 1003 et suivants.*)

Le mandataire ne peut compromettre sans un pouvoir spécial : le pouvoir de transiger ne suffit pas.

1. — Compromis avant l'instance.

ENREGISTREMENT.

Droit fixe de 3 francs.

Les soussignés Jean Baron, propriétaire, demeurant à   *d'une part ;*

Et M. Louis Cadot, aussi propriétaire, demeurant à   *d'autre part ;*

Voulant prévenir les contestations nées entre eux, relativement à la mitoyenneté du mur qui sépare leurs maisons sises à   , rue de   , tenant du nord à   , faisant face toutes deux à la rue au levant ; se prétendant, lesdits sieurs Baron et Cadot, proprié-

taires exclusifs dudit mur, (*ou se prétendant, ledit sieur
Baron, propriétaire exclusif dudit mur jusqu'à la hauteur
de   mètres, ce qui est contesté par le sieur
Cadot*),

Ont résolu, d'un parfait accord, de terminer leur contestation par la voie de l'arbitrage. En conséquence,
M. Baron a choisi pour son arbitre M. B...., demeurant à

De son côté, M. Cadot a nommé et choisi M. C....,
demeurant à   , pour le sien.

Ils donnent, par ces présentes, auxdits sieurs B.... et
C...., tout pouvoir de juger ladite contestation, déclarant expressément renoncer à interjeter appel de leur
sentence arbitrale, ainsi qu'à se pourvoir contre elle
par requête civile.

Pourront, lesdits arbitres, s'ils ne peuvent s'accorder
sur la décision à prendre, s'adjoindre, pour tiers-ar-
bitre, telle personne qu'il leur plaira choisir.

La décision arbitrale devra être rendue dans le délai
de   , à partir de ce jour.

Fait double à   , le

2.—Compromis après l'instance commencée.

ENREGISTREMENT.

Droit fixe de 3 francs.

Les soussignés B...., demeurant à   *d'une part ;*
Et M. C...., demeurant à   *d'autre part ;*
     Ont exposé ce qui suit :

M. B.... est propriétaire d'un jardin situé à   ,
lieudit   , tenant du nord à   , du midi à
           , dans lequel se trouve un puits auquel le sieur
C.... prétend avoir droit en vertu de

Ledit M. B.... prétend, etc.

Dans cette position, M. B.... a formé contre M. C....
une demande tendant à   . Cette demande a été
portée devant le juge-de-paix du canton de   ,
le   , qui a ordonné une descente sur les lieux.
—Mais, afin de faire cesser tout procès, ils ont résolu de
terminer leur contestation par la voie de l'arbitrage,
etc. (*Voir formule N° 1.*)

3. — Jugement arbitral.

ENREGISTREMENT (1).

Les actes et jugements des arbitres sont soumis aux mêmes droits d'enregistrement que ceux des tribunaux.

Nous soussignés B...., demeurant à   , et C...., demeurant à   , arbitres nommés par les sieurs P...., demeurant à   , et X...., demeurant à (2)   , suivant acte sous seing-privé fait double à   , le   , enregistré, aux termes duquel nous avons reçu mandat de statuer sur la contestation qui existe entre eux, relativement à (*Exprimer les motifs de la contestation.*)

Vu (*Rappeler les titres qui ont servi de preuves ou de renseignements.*)

Considérant que (*Faire l'exposition sommaire des points de fait et de droit.*)

Attendu, etc. ;

Nous, arbitres soussignés, jugeant souverainement, sans appel ni recours en cassation, disons que   ; déclarons le sieur   mal fondé dans ses prétentions, et le condamnons aux dépens, qui demeurent fixés à la somme de

Fait et rédigé par nous, arbitres sus-nommés, à   , le

4. — Clôture dans le cas de l'article 1016 du Code de procédure.

Fait et rédigé par nous, arbitres sus-nommés, à   , le   , et avons signé, à l'exception de M.   , qui s'y est refusé.

---

(1) Les arbitres doivent écrire leurs actes sur papier timbré, à peine d'une amende de 20 fr. pour chaque contravention. Il leur est défendu, sous la même peine, d'agir en vertu d'acte non écrit sur papier timbré et non enregistré.

(2) Le jugement arbitral doit, à l'exemple des jugements ordinaires, contenir les énonciations propres à en assurer la légalité : les noms, qualités et demeures des parties ; leurs conclusions, l'exposition sommaire des points de fait et de droit, les motifs de la décision, et le dispositif. (Code de procédure, 141.)

TRANSACTION.

La transaction est un contrat par lequel les parties terminent une contestation née, ou préviennent une contestation à naître. Ce contrat doit être rédigé par écrit. (*Voyez, à la fin de l'ouvrage, la loi relative aux transactions.*)

ENREGISTREMENT.

Droit fixe de 3 francs, à moins qu'elle ne contienne des stipulations de valeurs ou de sommes, ou des dispositions soumises à un plus fort droit.

Les soussignés Louis Garot, propriétaire, demeurant à $\qquad$ *d'une part;*

Et M. Joseph Galichet, aussi propriétaire, demeurant à $\qquad$ *d'autre part;*

Pour terminer la contestation qui les divise (*ou* pour mettre fin au procès qu'ils ont commencé au tribunal de première instance de $\qquad$, au sujet de (*Désigner les causes*), sont convenus, à titre de transaction irrévocable, de ce qui suit :

Le sieur Garot s'oblige de (*Énoncer le fait.*)

De son côté, le sieur Galichet s'engage à (*Énoncer le fait.*)

Et tous deux, ils s'obligent réciproquement à remplir les conventions entre eux arrêtées ci-dessus, sous peine de payer, de la part du contrevenant, à l'autre, la somme de $\qquad$, à titre de dommages-intérêts.

Au moyen de la présente transaction, le différend qui existe entre eux (*ou* le procès pendant au tribunal de $\qquad$) est et demeure éteint et terminé.

Fait double à $\qquad$, le

ACQUIESCEMENT.

C'est le consentement ou l'adhésion qu'une partie donne à un acte, à une demande ou à un jugement.

On ne peut acquiescer aux jugements prononçant la contrainte par corps, non plus qu'à ceux qui statuent sur une question d'état.

ENREGISTREMENT.

Les acquiescements purs et simples, quand ils ne sont pas faits en justice, sont passibles d'un droit fixe de 2 fr.

Acquiescement à un jugement.

Je soussigné Jean-Louis Garot, charpentier, demeurant à   , déclare acquiescer purement et simplement au jugement rendu contradictoirement (*ou* par défaut) entre moi et M. B...., demeurant à   , par le tribunal civil de   , le   ; lequel m'a condamné à payer audit sieur B.... une somme de   , pour   , etc.

En conséquence, je renonce à interjeter appel de ce jugement, et m'oblige à l'exécuter dans toutes ses dispositions.

Fait à   , le

TESTAMENT OLOGRAPHE.

Le testament est un acte par lequel le testateur dispose, pour le temps où il n'existera plus, de tout ou partie de ses biens, et qu'il peut révoquer. (*Voyez, à la fin de l'ouvrage, la loi sur les testaments.*)

ENREGISTREMENT.

Droit fixe de 5 francs.

FORMULES.

1. — Cadre de Testament olographe (1).

Je soussigné Louis-Auguste Jourdain, propriétaire, demeurant à   , ai fait, par le présent, mes dispositions testamentaires suivantes :

Je donne et lègue à Louis Jourdain, mon frère aîné, le quart de tous les biens meubles et immeubles qui m'appartiendront au jour de mon décès.

Je donne et lègue à demoiselle Marie Melin, ma

---

(1) Le testament olographe est nul, s'il n'est écrit en entier, daté et signé de la main du testateur. (*Code civil*, 970.)

La date doit être écrite en toutes lettres et non en chiffres.

Si, dans le corps de l'acte, il se trouve des mots rayés, il faut à la fin en faire mention de cette manière : *Approuvée la rature de mots rayés comme nuls.*

Si le testateur a été obligé de faire des renvois à la fin ou en marge de l'acte, il faut que ces renvois soient écrits aussi de la main du testateur et signés de lui.

La moindre faute de formalité peut entraîner la nullité du testament; on ne saurait donc y apporter trop de soins.

nièce, la somme de quatre mille francs, à prendre sur
les plus clairs deniers de ma succession ; de laquelle
somme elle pourra jouir et disposer aussitôt après mon
décès.

Je donne et lègue, etc.

Fait et écrit en entier de ma main à   , le
trois février mil huit cent quarante-sept.

2.— Testament par une femme en puissance de mari.

Je soussignée Marie-Jeanne Colinet, épouse de Louis
Cadot (1), propriétaire, avec lequel je demeure à   ,
ai fait, par le présent, mes dispositions testamentaires
suivantes :

Je donne, etc.

3. — Testament par une femme veuve.

Je soussignée Françoise Colet, rentière, demeurant
à   , veuve de Joseph Dubois, en son vivant cultivateur, demeurant à   , ai fait, par le présent,
mes dispositions testamentaires suivantes :

Je donne et lègue, etc.

DISPOSITIONS QUI PEUVENT ÊTRE MISES DANS UN TESTAMENT.

4. — Legs universel à une seule personne.

J'institue M. Joseph Godin, propriétaire, demeurant
à   , mon neveu, mon légataire universel. En conséquence, je lui lègue tous les biens meubles et immeubles que je laisserai à l'époque de mon décès ; il en
jouira et disposera comme de chose lui appartenant en
pleine propriété, à compter dudit jour de mon décès.

5. — Legs universel à plusieurs.

J'institue M. N...., demeurant à   , et M. C....,
demeurant à   , conjointement, mes légataires
universels. En conséquence, je leur lègue tous les biens

---

(1) La femme mariée peut disposer par testament, sans le consentement de son mari, et sans l'autorisation de la justice. (Code civil,
art. 226, 905.)

4*

meubles et immeubles que je laisserai à mon décès ; ils en jouiront et disposeront en pleine propriété, comme de leur propre chose, à compter du jour de mon décès ; et, s'il arrivait que l'un de mesdits légataires universels vînt à décéder avant moi, j'entends que sa part soit recueillie par l'autre à titre d'accroissement.

6. — Legs à titre universel.

Je lègue à M. C...., demeurant à   , la moitié (*ou* le tiers, le quart, etc.), de tous les biens meubles et immeubles que je laisserai à mon décès ; pour, par lui, en jouir, comme de chose lui appartenant en toute propriété et jouissance, à compter du jour de mon décès.

7. — Legs par préciput et hors part.

Je donne et lègue, par préciput et hors part, à Louis Dupré, mon fils, toute la portion de biens que je laisserai à mon décès, dont la loi me permet de disposer ; pour, par lui, en jouir en pleine propriété à compter du jour de mon décès.

8. — Legs conditionnel.

Je donne et lègue à   , demeurant à   , la somme de   , s'il obtient le brevet de bachelier ès lettres (*ou* s'il épouse Mademoiselle   , ma filleule). Cette somme lui sera délivrée par mes héritiers, immédiatement après qu'il se sera fait recevoir bachelier (*ou* immédiatement après la célébration de ce mariage), sans intérêts jusqu'à cette époque, mais avec intérêts à raison de cinq pour cent par an, en cas de non-paiement à ladite époque.

9. — Autre Legs conditionnel.

Je lègue à Louis Cadan, mon domestique, la somme de   , à la condition qu'il sera encore à mon service à l'époque de mon décès, etc.

10. — Clause de révocation de Testaments antérieurs.

Je révoque tous autres testaments et dispositions à

cause de mort que j'ai pu faire avant le présent, qui contient seul mes dernières volontés.

11.—Nomination d'exécuteur testamentaire.

J'institue pour exécuteur du présent testament M.   , que je prie de bien vouloir accepter cette peine ; et, pour faciliter cette exécution, je lui donne la saisine pendant l'an et jour; et je le prie de bien vouloir accepter, à titre de souvenir, les œuvres de Châteaubriand, de Buffon, etc., formant ensemble 80 volumes; lesquels se trouvent dans ma bibliothèque.

12. — Legs particulier.

Je donne et lègue à   , ma sœur, mon fonds de commerce d'épicerie tel qu'il se contiendra à l'époque de mon décès, à la charge d'acquitter les factures de marchandises qui pourront être dues à cette époque ; lequel est établi dans la maison que j'habite, sise rue

Je lui donne en outre le droit d'usufruit de ladite maison pendant   ans (*ou* pendant toute la vie de madite sœur), à la condition d'en jouir conformément aux dispositions de la loi.

13. — Autre Legs particulier.

Je donne et lègue à M. N...., demeurant à   , la somme de quatre mille francs, qui lui sera payée dans l'année de mon décès, avec intérêts à raison de cinq pour cent par an à compter dudit jour de mon décès.

14. — Autre Legs particulier.

Je lègue à mon domestique Louis Barré, s'il est encore à mon service à l'époque de mon décès, une rente annuelle et viagère de   , qui sera exempte de retenue, et payable en deux termes et paiements égaux, de six mois en six mois, à compter de l'époque de mon décès ; plus une somme de   , etc.

15. — Autre Legs particulier.

Je donne et lègue à   , ma maison située à   , plus un hectare de terre à prendre dans le clos de   , que je possède à   , lieudit

J'entends que ledit hectare de terre soit pris à l'aspect du midi, royant le chemin de

16. — Autre Legs particulier.

Je lègue aux pauvres de la commune de   la somme de

Et à l'église de   , la somme de   , payable un an après mon décès, sans intérêts.

17. — Autre Legs particulier.

Je donne et lègue à M. Joseph Desté, propriétaire, demeurant à   , la ferme que je possède à   . consistant en   , etc., et tout le mobilier qui se trouvera dans les maison et bâtiments d'exploitation de ladite ferme, à l'exception de   ; pour, par lui, en jouir, faire et disposer, comme de sa propre chose, en toute propriété et jouissance, à compter de mon décès.

18. — Testament par une femme à son mari.

Je soussignée Louise Demau, épouse de Joseph Boulin, propriétaire, avec lequel je demeure à ai fait par le présent mes dispositions testamentaires suivantes : J'institue mondit mari mon légataire universel. En conséquence, je lui donne et lègue la totalité de tous les biens meubles et immeubles qui m'appartiendront au jour de mon décès. Et, pour le cas où je laisserais un ou plusieurs enfants, je donne et lègue à mondit mari le quart en propriété et le quart en usufruit (*ou la moitié en usufruit*) de tous les biens, tant meubles qu'immeubles, droits et actions qui m'appartiendront à mon décès.

Fait et écrit en entier de ma main à   , le quinze janvier mil huit cent cinquante.

19. — Disposition testamentaire portant reconnaissance d'un enfant naturel.

Je déclare que je me reconnais père (*ou mère*) de l'enfant du sexe   , qui a été présenté, le quinze juin mil huit cent   , à l'officier de l'état civil de la commune de   , canton de   , département de   , et qui a été inscrit sur les registres de l'état civil sous le nom de

20. — Disposition portant déclaration d'adoption.

Désirant user de la faculté que la loi me donne, je déclare, dans la prévoyance de mon décès, adopter, par mon présent testament, Joseph-Louis Deschamps, âgé de vingt-quatre ans, dont la tutelle officieuse m'a été conférée par acte du   (*ou par délibération du conseil de famille dudit Deschamps, reçue par M. le juge-de-paix du canton de   , en date du   *).

21.—Disposition relative à l'enregistrement.

Je veux que les droits d'enregistrement auxquels sera soumis le legs fait au profit de   , restent à la charge de ma succession, afin que ledit légataire recueille le legs à lui fait franc et quitte de toutes charges.

QUITTANCE, DÉCHARGE.

La quittance est un acte par lequel le créancier déclare avoir reçu tout ou partie d'une somme ou d'une chose due.

La quittance, la décharge, le reçu et le récépissé, doivent être sur papier timbré, aux termes des articles 12 et 26 de la loi du 13 brumaire an VII, et de l'art. 1 248 du Code civil.

FORMULES.

1. — Quittance simple.

ENREGISTREMENT.

Droit de 50 centimes par 100 francs.

Je soussigné Jean-Baptiste Piot, propriétaire, demeurant à   , reconnais avoir reçu de M. Louis

Barre, aussi propriétaire, demeurant à   , la somme de cent francs (1), qu'il me devait en vertu de   (*ou* pour prêt de pareille somme que je lui ai fait le   , *ou* pour solde de   ), de laquelle somme je le tiens quitte et décharge.

Fait à   , le

2. — Décharge d'un co-débiteur.

ENREGISTREMENT.

Droit de 50 centimes par 100 francs.

Je soussigné, etc.

Reconnais avoir reçu de M. L.... la somme de cent francs, pour sa part et portion de la somme de quatre cents francs, qui m'est due solidairement par C...., B....., N.... et ledit L.... ; de laquelle somme je le tiens personnellement quitte et décharge pour sadite part et portion, sans que la présente quittance puisse nuire ni préjudicier à ce qui m'est dû par les sieurs C...., B.... et N.... sur ladite somme de quatre cents francs.

Fait à   , le

3. — Quittance donnée par un mandataire.

ENREGISTREMENT.

Droit de 50 centimes par 100 francs.

Je soussigné B...., demeurant à   , mandataire verbal de M. C...., demeurant à   , que je m'oblige à faire ratifier les présentes à toute réquisition, reconnais avoir reçu de M.   , etc.

4. — Quittance d'intérêts.

ENREGISTREMENT.

Droit de 50 centimes par 100 francs.

Je soussigné N...., demeurant à   reconnais avoir reçu de M. C.... la somme de   , pour une année, échue aujourd'hui, des intérêts, à cinq pour cent par an, de la somme de   , que je lui ai prêtée le

Fait à   , le

---

(1) La quittance du capital donnée sans réserve des intérêts en fait présumer le paiement et en opère la libération. (Art. 1254 et 1908 du Code civil.)

5. — **Quittance de Dot.**

ENREGISTREMENT.

Droit de 50 centimes par 100 francs.

Les soussignés Pierre Baron, propriétaire, et dame Jeanne Colinet, son épouse, qu'il autorise, demeurant ensemble à   , reconnaissent avoir reçu de M. Jean Colinet, propriétaire, demeurant à   , père de ladite dame Baron, la somme de dix mille francs, que ledit M. Colinet a constituée en dot à ladite dame, sa fille, par contrat de mariage reçu par Me   , notaire à   , le   , enregistré, et aux termes duquel ladite dot a été stipulée payable aujourd'hui, sans intérêts.

Au moyen de ce paiement, lesdits époux Baron tiennent quitte et déchargent M. Colinet du montant de ladite dot.

Fait à   , le

6. — **Récépissé de pièces de co-héritiers ou autres.**

ENREGISTREMENT.

Droit fixe de 2 fr.

Je soussigné D...., co-héritier de la succession de   , reconnais que le sieur N.... m'a remis les pièces et titres concernant ladite succession, au nombre de   , lesquels je lui avais confiés sous son récépissé, que je lui ai cejourd'hui rendu ; au moyen de quoi je le tiens quitte et décharge de la remise desdits titres et pièces, dont moi seul reste dépositaire et garant.

Fait à   , le

7. — **Quittance de somme due par obligation.**

ENREGISTREMENT.

Droit de 50 centimes par 100 francs.

Je soussigné Michel Barot, homme de lettres, demeurant à   , reconnais, par ces présentes, avoir reçu en bonnes espèces d'argent ayant cours de monnaie,

De M. Jacques Lebeau, marchand de rouennerie, demeurant à

La somme de deux mille soixante-dix-neuf francs seize centimes, composée :

1° De deux mille francs, pour le remboursement d'une obligation de pareille somme devenue exigible, souscrite à mon profit par ledit sieur Lebeau, ainsi qu'il résulte d'un acte passé devant M^e   , notaire à   , le   , enregistré, ci   2 000   »

2° Et de soixante-dix-neuf francs seize centimes, pour le paiement des intérêts produits par ladite somme principale, depuis neuf mois quatorze jours, ci   79

Somme égale, 2 079

De laquelle somme totale je donne bonne et valable quittance audit sieur Lebeau.

Fait à   , le

8. — Quittance d'arrérages de rentes.

ENREGISTREMENT.

Droit de 50 centimes par 100 francs.

Je soussigné Jean-Louis Bourdon, propriétaire, demeurant à   , reconnais avoir présentement reçu en numéraire, de M. Isidore Binet, cultivateur, demeurant à

La somme de quatre cents francs, pour un semestre, échu cejourd'hui, de la rente annuelle et viagère de huit cents francs, créée par ledit sieur Binet à mon profit, suivant contrat passé devant M^e   , notaire à   , le   , enregistré.

De laquelle somme je quitte et décharge ledit sieur Binet.

Fait à   , le

9. — Quittance d'un prix d'immeuble.

ENREGISTREMENT.

Droit de 50 centimes par 100 francs.

Je soussigné Alphonse Bourquendot, commis-greffier du tribunal de première instance de   , demeurant en ladite ville, reconnais avoir reçu de M. Charles de Bolbecq, propriétaire, demeurant à   , en espèces ayant cours de monnaie, la somme de deux mille soixante-quatre francs vingt-cinq centimes, composée :

1° De celle de deux mille francs, montant du princi-pal moyennant lequel M. de Bolbecq a acquis de moi une maison, sise à   , etc., ainsi, du reste, qu'il résulte du contrat passé devant M^e   , notaire à   , le   , enregistré, ci   2 000   »

2° Et de celle de soixante-quatre francs vingt-cinq centimes, pour solde des inté-rêts, à raison de cinq pour cent, courus de-puis le   , jusqu'à ce jour, ci   64   25

Somme égale,   2 064   25

De laquelle somme je donne audit M. de Bolbecq bonne et valable quittance, et le décharge de toutes choses généralement quelconques relatives à ladite vente.

Fait à   , le

10. — **Quittance de Loyer.**

ENREGISTREMENT.

Droit de 50 centimes par 100 francs.

Je soussigné reconnais avoir reçu de M. Albert Pirot, officier en retraite, demeurant à   , la somme de cent cinquante francs, montant du loyer annuel moyen-nant lequel il loue une maison, à moi appartenant, sise à   , etc.

De laquelle somme je lui donne bonne et valable quittance.

Fait à   , le

11.—**Quittance de Fermage.**

ENREGISTREMENT.

Droit de 50 centimes par 100 francs.

Je soussigné B...., demeurant à   , reconnais avoir reçu de M.   , la somme de   , pour le terme échu aujourd'hui du fermage des terres que je lui ai louées, suivant acte sous seing-privé, fait double le   , enregistré   , de laquelle somme je le tiens quitte.

Fait à   , le

PARTAGE.

Le partage est en général la division que font les co-propriétaires d'un bien commun et particulier.

ENREGISTREMENT.

Les partages de biens meubles entre co-propriétaires, à quelque titre que ce soit, sont passibles du droit fixe de 5 fr.

Quand il y a soulte ou retour, ce qui en fait l'objet est assujetti au droit proportionnel de 5 fr. 50 par 100 fr.

FORMULES.

1. — **Partage sans soulte** (1).

Les soussignés :

1° M. Jules Périnet, professeur de mathématiques au collége royal Saint-Louis, à Paris, demeurant audit Paris, rue   , N°   ,   *d'une part ;*

2° M. Auguste Grandin, contre-maître de filature, demeurant à   *d'autre part ;*

3° Et M. Joseph Sarrazin, propriétaire, demeurant à   *encore d'autre part ;*

Pour arriver au partage qui fait l'objet des présentes, ont préliminairement exposé ce qui suit :

Suivant acte en forme d'adjudication, dressé par M^e   , notaire à   , en présence de témoins, à la requête de M. Victor Talabot, propriétaire, et de dame Joséphine Chaufour, son épouse, demeurant ensemble à   , lesdits sieurs Périnet, Grandin et Sarrazin se sont rendus conjointement adjudica-

___

(1) Il arrive quelquefois que, par la nature des choses indivisibles, un lot est supérieur aux autres. Dans ce cas, on stipule que celui qui aura ce lot supérieur remettra aux autres co-propriétaires une somme de   , à titre de *soulte. (Voyez N° 2.)*

taires, moyennant le prix total de 25,387 fr. 59 cent., qui a été depuis payé intégralement par eux, des immeubles ci-après, situés commune et territoire de   , à savoir :

DÉSIGNATION.

1° Deux hectares trente-sept ares quatre-vingts centiares de terre, sis lieudit   , tenant du nord à   , du midi à   , etc.

2° Un hectare vingt ares, etc.

COMPOSITION DES LOTS.

Les soussignés, désirant sortir de l'indivision, ont, d'un commun accord, composé trois lots égaux de tous lesdits immeubles.

Premier lot.

Le premier lot comprend :

1° La pièce de terre désignée sous le N°   de la désignation ci-dessus, sise à   , de la contenance de

2° Etc.

Deuxième lot.

Le deuxième lot comprend :

1° Etc.

2° Etc.

Troisième lot.

Il comprend :

1° Etc.

TIRAGE AU SORT.

Les lots, ainsi composés, et s'étant trouvés d'égale valeur, ont été tirés au sort, par l'événement duquel

Le premier lot est échu à M. Sarrazin ;

Le second lot, à M. Périnet ;

Et le troisième lot, à M. Grandin.

En conséquence, lesdits co-partageants se font tous abandonnements nécessaires, sous les garanties ordinaires en matière de partage, ce qu'ils acceptent respectivement ;

Pour, par chacun d'eux, en jouir, faire et disposer, comme de chose leur appartenant divisément et en toute propriété et jouissance, à compter de ce jour.

Fait triple à   , le

2. — Partage avec Soulte.

Les soussignés :

1° M. Charles Albert, docteur en médecine, demeurant à   *d'une part ;*

2° Et M. Emmanuel Jolibois, agent d'affaires, demeurant à   *d'autre part :*

Voulant procéder au partage des biens indivis entre
eux, ont préliminairement exposé ce qui suit :

Suivant acte sous signatures privées, fait triple à
          , le   , enregistré à   , le   ,
folio   , verso   , case   , reçu   , signé   .
les soussignés ont acquis, conjointement ensemble, du
sieur Henri de Marincourt, propriétaire, demeurant à
          , les immeubles ci-après désignés, situés ter-
roir de

DÉSIGNATION.

1° Une pièce de terre de la contenance de deux hectares soixante-quinze centiares, sise lieudit   ,
tenant du nord à   , etc., estimée 2 900
francs (1).   2 900 fr.

2° Une autre pièce de terre de la conte-
nance de   , etc., estimée 1 400 fr.   1 400

3° Une pièce de pré de la contenance de
          , etc., estimée 1 500 fr.   1 500

4° Trois hectares vingt-sept ares quatre-
vingt-dix centiares de bois, sis en lieudit
          , tenant, etc., estimés 4 700 fr.   4 700

Total de l'estimation,   10 500 fr.

Ladite vente avait été consentie moyennant ladite
somme de 10 500 fr., qui a été entièrement payée audit
sieur vendeur, ainsi que le constate un acte portant
quittance dudit prix et des intérêts courus, reçu par Me
          et son collègue, notaires à   , le   ,
enregistré.

Depuis leur acquisition, lesdits sieurs Albert et Jolibois sont demeurés propriétaires indivis desdits im-

---

(1) Toutes les sommes doivent être écrites en toutes lettres avant
de les tirer hors ligne.

meubles ; mais aujourd'hui, désirant sortir de cette indivision, ils ont du tout composé deux lots de la manière suivante :

COMPOSITION DES LOTS.

Premier Lot.

Il comprend :

1° La pièce de terre de la contenance de deux hectares soixante-quinze centiares, sise lieudit   ,
estimée 2 900 fr.   2 900 fr.

2° La pièce de terre de la contenance de
      , etc., estimée 1 400 fr.   1 400

3° Et la pièce de pré de la contenance de
      , etc., estimée 1 500 fr.   1 500

                            Total,   5 800 fr.

Les immeubles à partager étant d'une valeur de 10 500
fr., chacun des co-partageants doit avoir droit à 5 250
francs.   5 250 fr.

Or, comme la valeur du premier lot est de   5 800

         Il fera soulte au second lot de   550 fr.

Deuxième Lot.

Il comprend :

1° La pièce de bois, de la contenance de trois hectares
vingt-sept ares quatre-vingt-dix centiares, désignée sous
le numéro 4 ci-dessus, estimée 4 700 fr.   4 700 fr.

2° La somme de 550 fr., montant de la
soulte à la charge du premier lot.   550

            Total égale à la moitié,   5 250 fr.

TIRAGE AU SORT.

Les lots ainsi composés ont été tirés au sort, par l'é-
vénement duquel le premier lot est échu à M. Jolibois,
et le second à M. Albert.

En conséquence, lesdits co-partageants se font tous
abandonnements nécessaires à titre de partage, et sous
les garanties ordinaires ; ce qui est accepté par eux respectivement ;

Pour, par chacun d'eux, en jouir, faire et disposer
divisément, comme de leur propre chose, en toute propriété et jouissance, à compter de ce jour.

PAIEMENT DE LA SOULTE.

Le sieur Jolibois s'oblige à payer ladite somme de 550 fr., montant de la soulte à la charge de son lot, au sieur Albert, et en sondit domicile, dans le délai de trois mois, à compter de ce jour, avec intérêts à raison de 5 p. 0/0 par année, devant courir aussi à partir de ce jour.

Fait double à   , le

ÉCHANGE.

L'échange est un contrat par lequel les parties se donnent respectivement une chose pour une autre. (*Voyez, à la fin de l'ouvrage, la loi sur les échanges.*)

ENREGISTREMENT.

Les échanges de biens immeubles sont assujettis au droit de 2 fr. 50 centimes par 100 fr., y compris le droit de transcription.

Le droit se liquide sur le capital formé de 20 fois le revenu annuel de l'une des parts, sans distraction des charges.

Le droit de soulte d'immeuble est de 5 et demi pour 100.

Les échanges d'immeubles entre l'état et les particuliers sont enregistrés gratis.

Quant aux échanges de meubles, ils sont soumis au droit de 2 fr. pour 100, exigible sur la valeur de l'une des parts échangées.

FORMULES.

1. — Échange d'Immeubles sans soulte.

Entre les soussignés :

1° M. Isidore Barbier, propriétaire, demeurant à

d'une part ;

2° Et M. Onésime Beauvais, aussi propriétaire, demeurant à

d'autre part ;

Il a été convenu et arrêté ce qui suit :

M. Barbier a, par ces présentes, cédé et abandonné, à titre d'échange, avec toutes garanties,

Au sieur Beauvais, qui accepte,

Une pièce de terre de la contenance de un hectare dix ares soixante centiares, sise en lieudit la Côte-aux-Lièvres, terroir de   , tenant du nord à   , du midi à   , de l'est à   , et de l'ouest à

En contre-échange, le sieur Beauvais cède et abandonne, aussi à titre d'échange et sous les mêmes garanties,

Au sieur Barbier, qui accepte,

Une pièce de terre de la contenance de un hectare cinquante centiares, sise en lieudit le Moulin-à-Vent, terroir de   , bornée au nord par   , à l'est par   , à l'ouest par   , et au midi par

Ainsi que ces deux pièces de terre se poursuivent, contiennent et comportent, sans en rien excepter, réserver ni retenir.

ORIGINE DE LA PROPRIÉTÉ.

La pièce de terre donnée en échange par M. Barbier lui appartient comme ayant été par lui acquise du sieur Louis Boudsocq, architecte, et de la dame Julie Montgon, son épouse, demeurant alors ensemble à   , suivant un acte sous seing-privé fait double à   , le   , enregistré (1) à   , le   , folio 77, recto, case 4, reçu   , signé :

La pièce de terre donnée en échange par M. Beauvais lui provient de l'acquisition qu'il en a faite du sieur Joseph Semuy, tailleur d'habits, et de dame Catherine Mauglas, son épouse, demeurant ensemble à   , suivant acte passé devant Mᵉ Cyprien, notaire à   , le   , enregistré.

JOUISSANCE.

Les échangistes jouiront respectivement des biens re-

____

(1) Toutes les fois qu'on rappelle dans un acte un contrat sous seing-privé, on doit, sous peine de 5 fr. d'amende, rapporter textuellement la relation de son enregistrement.

çus en échange, comme de chose leur appartenant en toute propriété, à compter de ce jour.

CHARGES ET CONDITIONS.

Cet échange est fait à la charge, par les parties, qui s'y obligent respectivement :

1° De supporter respectivement les servitudes passives, apparentes ou occultes, continues ou discontinues, dont lesdits biens peuvent être grevés, sauf par eux à s'en défendre à leurs risques et périls, et à jouir de celles actives, s'il en existe ;

·2° De payer les contributions de toute nature, mises ou à mettre sur lesdits biens reçus en échange.

DÉCLARATION.

Les immeubles présentement échangés étant d'égale valeur, il n'y a lieu à aucune soulte ni retour.

Fait double à   , le

2. — Échange d'immeubles avec soulte (1).

Entre les soussignés :

1° M. Gustave de Villers, propriétaire, demeurant à   , et dame Marie Piot, son épouse, qu'il autorise,   *d'une part ;*

2° Et M. Édouard Cuvelliers, aussi propriétaire, et dame Louise Lefranc, son épouse, qu'il autorise, demeurant ensemble à   *d'autre part ;*

Il a été convenu et arrêté ce qui suit :

Les sieur et dame de Villers délaissent, avec toutes garanties solidaires, à titre d'échange,

Aux sieur et dame Cuvelliers, qui acceptent,

DÉSIGNATION.

1° Une pièce de pré, de la contenance de   , etc.

2° Une pièce de bois, etc.

Et, en contre-échange, les sieur et dame Cuvelliers délaissent, aux mêmes titres d'échange et sous les mêmes garantie et solidarité ;

Aux sieur et dame de Villers, qui l'acceptent :

1° Un hectare vingt-cinq centiares de terre, etc.

---

(1) Il arrive quelquefois que l'un des immeubles échangés se trouve être d'une valeur supérieure à l'autre. Dans ce cas, on stipule que celui qui reçoit cet immeuble paiera à l'autre échangiste la différence de valeur. — Ceci s'appelle *soulte* ou *retour.*

2° Etc.

Ainsi que lesdits biens se poursuivent, contiennent et comportent, sans aucune réserve.

ORIGINE DE LA PROPRIÉTÉ.

(Consulter, pour la suite, le cadre de la formule qui précède, jusqu'au titre : Déclaration exclusivement.)
On finira ainsi :

SOULTE.

Cet échange est fait moyennant une soulte, de la part des sieur et dame Cuvelliers, d'une somme de cinq cent vingt-cinq francs, qu'ils promettent et s'obligent, sous la solidarité ci-devant exprimée, de payer aux sieur et dame de Villers, dans le délai de trois mois, à partir de ce jour, et, jusqu'au remboursement effectif de ladite somme, de leur en servir l'intérêt à raison de cinq pour cent l'an, qui courra à compter d'aujourd'hui.

Fait double à   , le

3. — Échange d'Objets mobiliers.

Entre les soussignés :

M. Louis Gazot, propriétaire, demeurant à

d'une part ;

Et M. Joseph Potier, menuisier, demeurant à

d'autre part ;

Il a été convenu ce qui suit :

M. Gazot cède, à titre d'échange, à M. Potier, qui accepte, une voiture à deux roues, dite   , peinte en brun, montée sur ressorts, etc.; avec toutes garanties *(ou sans garantie)*.

De son côté, M. Potier cède et délaisse en contre-échange, et aussi avec garantie *(ou sans garantie)*, à M. Gazot, qui accepte *(Désigner l'objet)*.

Le présent échange est fait de part et d'autre sans soulte ni retour.

Ou bien : Le présent échange est fait moyennant la somme de   , que M. Gazot a payée comptant à M. Potier, qui le reconnaît et lui en accorde quittance ; ladite somme à titre de soulte, à cause de la plus-value de l'objet donné en contre-échange.

Fait double à    , le

5

BREVET D'APPRENTISSAGE.

C'est l'acte par lequel une personne qui exerce un art ou un métier s'oblige à l'enseigner à une autre, moyennant un prix convenu.

Lorsque l'apprenti est mineur, l'acte doit être passé pour lui par les personnes sous l'autorité desquelles il est placé : par son père, son tuteur, etc.

ENREGISTREMENT.

Les brevets d'apprentissage sont passibles du droit fixe de 1 franc.

Quand ils contiennent des stipulations de sommes ou valeurs mobillières, ils sont assujettis au droit d'enregistrement de 50 cent. par 100 fr. , comme dans la formule ci-dessous.

FORMULE.

Entre les soussignés :

M. Julien Sauvage, charpentier, demeurant à   , patenté pour la présente année à   , le   , sous le N°   , classe   *d'une part* ;

Et M. Auguste Bonnaire, officier en retraite, demeurant à   *d'autre part* ;

Il a été convenu ce qui suit :

Le sieur Sauvage consent à prendre en apprentissage, pour quatre années entières et consécutives, qui commenceront le   mars prochain, et finiront à pareil jour de l'année mil huit cent   , le sieur Emile Bonnaire, âgé de dix-huit ans révolus, demeurant   , aussi présent et acceptant, fils mineur dudit sieur Bonnaire et de dame Jeanne Niclot, son épouse ;

S'engageant, ledit sieur Sauvage, à lui enseigner, pendant lesdites quatre années, son métier de charpentier, la théorie et la pratique dudit art, et généralement tout ce qui le concerne.

Il s'engage, en outre, à le nourrir et le loger pendant ledit temps d'apprentissage.

De son côté, ledit sieur Bonnaire fils, assisté de son père, s'engage à travailler au profit du sieur Sauvage, de lui obéir en tout ce qu'il lui commandera de licite et honnête, d'éviter de lui causer aucun dommage, enfin de ne point s'absenter ni aller travailler ou demeurer ailleurs pendant lesdites quatre années.

Il est expressément convenu que, dans le cas où le sieur Bonnaire fils viendrait à quitter l'atelier, ledit sieur son père serait tenu de le chercher, et, après l'avoir trouvé, de le ramener chez le sieur Sauvage, pour y continuer son temps d'apprentissage.

(*Mettre ici les autres conventions.*)

Ce traité est fait moyennant la somme de huit cents francs, que le sieur Bonnaire père s'oblige de payer au sieur Sauvage en quatre paiements, qui s'effectueront, savoir : le premier dans un an à partir dudit jour 1er Mars 18 , et les trois autres à pareil jour des trois années suivantes, sans intérêts jusqu'à ces diverses échéances, mais avec intérêts à raison de cinq pour cent par an à partir desdites époques pour les paiements qui n'auront pas été effectués.

Fait double à , le

CHASSE (PERMISSION DE).

ENREGISTREMENT.

La simple permission du droit de chasse n'est passible que du droit fixe de 2 francs.

FORMULE.

Je soussigné Jean-Louis Camus, propriétaire, demeurant à , donne, par ces présentes, à M. Annibal de Coconnas, employé aux ponts-et-chaussées, demeurant à , la permission gratuite de chasse sur tous les biens qui m'appartiennent, situés sur le territoire de   ; mais seulement pour chasser en temps non prohibé et à tir, soit au chien d'arrêt, soit au chien courant, et sans pouvoir jamais faire traquer au bois ni rabattre en plaine.

Cette permission étant personnelle à M. Coconnas, il ne pourra faire partager le droit de chasse à lui présentement accordé à qui que ce soit.

Fait double à   , le

DEVIS ET MARCHÉ.

ENREGISTREMENT.

Les devis d'ouvrages et entreprises sont passibles du droit fixe d'un franc.

Les marchés pour constructions ou réparations sont passibles du droit de 1 pour 100, quand l'entrepreneur doit fournir les matériaux.

FORMULE.

Entre les soussignés :

1° M. Jean Fourné, maître maçon, demeurant à   , patenté pour la présente année à   , le   , mil huit cent   , sous le N°   *d'une part ;*

2° Et M. Remi Jarlot, négociant, demeurant à

d'autre part ;

Il a été convenu et arrêté ce qui suit :

M. Fourné s'oblige, par ces présentes, envers M. Jarlot, qui accepte, à exécuter au profit de ce dernier les constructions ci-après, sur un terrain appartenant audit M. Jarlot, situé à   , rue de   , et à fournir tous les matériaux nécessaires auxdites constructions.

Ces constructions consisteront :

1° En deux espaces de bâtiments, etc.

2° Etc.

Les murs desquelles constructions seront faits, savoir : le mur de face en pierres de taille des carrières de   , etc. et tous les autres en bons moëllons et mortier de terre et chaux, etc.

La couverture desdits bâtiments sera faite en ardoises.
(*Expliquer clairement les conventions des parties.*)

Toutes lesquelles constructions ledit sieur Fourné s'oblige d'exécuter, conformément aux règles de l'art, d'ici au 1ᵉʳ août prochain, époque à laquelle les clefs devront être remises audit sieur Jarlot, sous peine d'amende de la part dudit sieur Fourné ; laquelle est dès maintenant fixée à 15 fr. par chaque jour de retard pour le cas où ce retard ne dépasserait pas de plus d'un mois ledit jour 1ᵉʳ août, et à peine de 500 fr. pour le cas où le retard serait de plus de trente jours.

Le tout sans préjudice à la responsabilité prévue par l'article 1 792 du Code civil (1).

Toutes lesdites constructions seront faites moyennant le prix de 8,460 fr.

Laquelle somme de huit mille quatre cent soixante francs le sieur Jarlot promet et s'oblige à payer en cinq termes et paiements égaux, qui auront lieu, savoir : le premier, ledit jour 1ᵉʳ août prochain, et les quatre autres de trois mois en trois mois, avec intérêts à raison de cinq pour cent par année, le tout à partir de ladite époque 1ᵉʳ août.

Fait double à   , le   , mil huit cent

BORNAGE.

ENREGISTREMENT.

Le procès-verbal de bornage est soumis au droit fixe de 2 fr.

FORMULE.

Les soussignés :

M. Jean Mélin, propriétaire, demeurant à
d'une part;

Et M. Joseph Manichon, aussi propriétaire, demeurant à
d'autre part;

Pour arriver au bornage qui fait l'objet des présentes,

---

(1) Pendant dix ans, l'architecte et les entrepreneurs sont responsables des gros ouvrages qu'ils ont faits ou dirigés. (*Voyez Code civil,* 1 787 à 1 799.)

ont préliminairement exposé qu'ils sont propriétaires,
savoir :

M. Mélin, de 1 hectare 25 ares de terrain en nature
de pré, sis en lieudit   , terroir de

Et M. Manichon, de 95 ares 70 centiares de terrain
aussi en nature de pré, sis mêmes lieudit et terroir ;

Que ces deux terrains sont limités l'un par l'autre de
l'est à l'ouest, de manière que la propriété de M. Mélin
tient du nord à celle de M. Manichon, et que l'héritage
de M. Manichon tient du midi à M. Mélin ;

Mais qu'entre lesdites deux propriétés il n'existe aucune ligne séparative, et qu'il convient de procéder à
une délimitation qui formera entre *lesdits deux terrains
une limite certaine* et immuable.

En conséquence, lesdits sieurs Mélin et Manichon,
pour arriver à cette fin, ont planté entre leurs héritages
et contradictoirement, quatre bornes en pierre, au pied
desquelles ils ont placé du charbon et de la brique pilés.

Ces bornes sont plantées de telle manière, qu'elles
forment une seule ligne droite allant de l'est à l'ouest ;
laquelle ligne, étant prolongée de part et d'autre, abou-
tirait au montant de la croix du clocher de   , à
l'est, et passerait à l'ouest dans un mur de clôture
appartenant à M.   , à 27 décimètres de l'extré-
mité nord de ce mur à prendre en allant au midi.

Telles sont les conventions des parties rédigées en
double à   , le

CONTRAT DE SOCIÉTÉ.

La Société est un contrat par lequel deux ou
plusieurs personnes conviennent de mettre quelque chose en commun, dans la vue de partager
le bénéfice qui pourra en résulter.

Toute société doit avoir un objet licite, et être
contractée pour l'intérêt commun des parties.

Chaque associé doit y apporter, ou de

l'argent, ou d'autres biens, ou son industrie.

Toutes sociétés doivent être rédigées par écrit lorsque leur objet est d'une valeur de plus de 150 francs. (*Voyez, à la fin de l'ouvrage, les lois relatives aux actes de société.*)

ENREGISTREMENT.

Droit fixe de 5 fr.

FORMULES.

1. — Convention pour acheter en société des marchandises et les partager ensuite.

Les soussignés :

Joseph Hulot, marchand liquoriste, demeurant à

d'une part ;

Et M. Louis Potier, distillateur, demeurant à

d'autre part ;

Conviennent qu'ils feront en société l'achat de deux cents hectolitres *d'esprit trois-six bon goût* sur le marché de Lunel, le   , et paieront moitié par moitié le prix et les frais d'acquisition ; et qu'après ladite acquisition, il en sera fait entre eux un partage égal, pour chacun d'eux jouir et disposer de sa moitié comme il lui conviendra, sans que l'un d'eux ait droit à aucune répétition sur l'autre, pour plus forte et moindre valeur de la moitié qu'il aura acceptée.

Fait double à   , le

2. — Convention pour acheter en société des marchandises et les revendre de suite à perte ou gain.

(*Le commencement comme à la formule N° 1, jusque :* le prix et les frais d'acquisition. *On ajoutera :*) pour en faire la revente ensemble et en présence l'un de l'autre. Le gain qui en proviendra sera partagé entre eux par parties égales. Mais, dans le cas où, sur ladite revente, il y aurait perte, elle sera supportée par moitié par chacun d'eux.

Les frais d'acquisition, déboursés faits pour achats, transports, revente, etc., seront remboursés par moitié à celui qui en aura fait les avances.

Fait double à   , le

3.—Acte de Société entre plusieurs commerçants.

Entre les soussignés :

M. Charles Dubois, etc., *d'une part ;*
M. Jules Leroy, etc., *d'autre part ;*
Et M. Joseph Durand, etc., *aussi d'autre part ;*

Il a été convenu ce qui suit :

Il est formé et établi entre lesdits soussignés, et à compter de ce jour, pour durer dix années consécutives, une société de commerce, à pertes et gains, aux conditions suivantes :

Art. 1er. — La présente société sera sous la raison de commerce : Ch. Dubois et compagnie (*ou sous la raison de commerce : Ch. Dubois, Leroy et Durand*).

Art. 2. — Le capital de la société sera de   ; chacun des associés contribuera au complément de cette somme par portions égales.

Art. 3. — Si, dans le cours de ladite société, un des associés y verse des fonds, il lui en sera payé l'intérêt à raison de cinq pour cent, et il aura la liberté de retirer de la société lesdits fonds quand bon lui semblera, en prévenant toutefois ses co-associés au moins quinze jours d'avance.

Art. 4. — Les deux-tiers de la masse de la société seront employés en acquisitions de marchandises de   , et en objets nécessaires au commerce et à l'usage de la société ; l'autre tiers restera en caisse.

Art. 5. — M. Dubois sera chargé des achats et paiements des marchandises ; M. Leroy, de la tenue de la caisse et des livres ; M. Durand signera et endossera tous les effets de commerce de la société.

Art. 6. — Le loyer des magasins nécessaires au commerce de la société, les appointements des commis, garçons et autres employés ordinaires ou extraordinaires, seront supportés par la société.

Art. 7. — Chacun des associés prélèvera tous les mois, sur les bénéfices de la société, la somme de

Art. 8. — Tous les ans, il sera fait un inventaire et un état général de la situation de la société, et la moitié des bénéfices sera partagée entre les associés ; l'autre moitié sera employée dans le commerce de la société.

Art. 9. — Aucun des associés ne pourra se livrer à

aucun commerce étranger à celui de la société sans le consentement de ses co-associés, sous peine de

Art. 10. — En cas de décès de l'un des associés pendant le cours de ladite société, sa mise dans la société, ainsi que sa part dans les bénéfices, sera rendue à ses héritiers, et la société subsistera entre les deux associés restants.

Art. 11. — A la fin de la société, les associés pourront la continuer pour le temps qu'ils conviendront, sinon chacun retirera sa mise, sa part de marchandises, des fonds et effets de ladite société.

Art. 12. — Après la dissolution de la société, un des associés sera seul chargé de la liquidation des comptes et des ventes, et en fera raison aux autres associés.

Art. 13. — Si, pendant le cours de ladite société, il s'élève entre les associés quelques contestations, elles seront portées devant les arbitres nommés par eux ou par le tribunal de commerce.

Fait triple à   , le

4. — Autre Acte de Société entre plusieurs commerçants.

Entre les soussignés :

M. Léon Duval, etc.,   *d'une part ;*
M. Jules Favart, etc.,   *d'autre part ;*
M. Louis Baron, etc.,   *aussi d'autre part ;*
Et M. Charles Perin, etc.,   *encore d'autre part ;*

Il a été fait les conventions suivantes :

Art. 1er. — Une société est établie entre tous les soussignés, pour le commerce de   , à partir de   , pour finir le

Art. 2. — Elle s'exercera sous le nom de Léon Duval, Favart et Compagnie.

Art. 3. — La mise de chacun des associés sera de   , et par conséquent le capital de ladite société sera de

Art. 4. — Les deux-tiers du capital de la société seront employés en acquisitions de marchandises, et l'autre tiers sera mis en caisse pour servir aux besoins de la société.

Art. 5. — La caisse sera tenue par M. Duval.

Art. 6. — Les écritures seront faites et les livres seront tenus par M. Baron.

5*

Art. 7. — Tous les achats seront faits par M. Favart.

Art. 8. — M. Perin sera chargé de toutes les opérations de

Art. 9. — Les dépenses de loyer de la maison, les appointements des commis et autres frais, seront supportés par la société.

Art. 10. — Il sera payé par la société une somme de   au sieur   , pour la nourriture des commis.

Art. 11. — Aucun des associés ne pourra faire un commerce étranger à la société sans le consentement de ses co-associés, et sans que le profit de ce commerce consenti ne retourne à la masse de la société.

Art. 12. — Dans le cas où l'un des associés exercerait un commerce particulier contre le consentement de ses co-associés, ou ne verserait pas à la caisse de la société le produit de ce commerce consenti par les co-associés, lesdits co-associés pourront l'exclure de la société, après lui avoir rendu compte de l'état de la société, et réglé ce qu'il pourrait devoir, ou ce qui pourrait lui être dû, et sans que pour cela la société en soit dissoute.

Art. 13. — Chacun des associés prélèvera, pour ses besoins particuliers, une somme de

Art. 14. — Tous les ans, il sera fait un inventaire général d'après lequel les deux-tiers des bénéfices nets seront partagés entre associés, et l'autre tiers sera laissé dans la caisse de la société.

Art. 15. — Chaque associé pourra, quand il le voudra, prendre connaissance de l'état de la caisse, des écritures, des registres et des opérations de ses co-associés.

Art. 16. — S'il s'élève entre les associés quelque contestation relative à la société, elle sera réglée par la voie des arbitres.

Art. 17. — A l'expiration de la société, si elle n'est pas renouvelée par un nouvel acte, il sera fait par les associés un partage général de tous les fonds et effets mobiliers de ladite société, et le sieur Favart sera chargé de faire le recouvrement des fonds à rentrer.

Fait quadruple à   , le

5. — Acte de Société entre plusieurs Commerçants de différents endroits.

Entre les soussignés :

M. Joseph Badré, négociant, demeurant à Bordeaux,
d'une part ;

M. Louis Duchemin, négociant, demeurant à Lille,
d'autre part ;

Et M. Hippolyte Merlin, négociant, aussi demeurant à Lille, *aussi d'autre part ;*

Il a été fait les conventions suivantes :

Une société, pour l'achat et la vente des vins du Midi, est formée et établie entre les soussignés, sous le nom de : Badré et Compagnie.

Cette société sera de dix ans à compter de ce jour, pour finir, par conséquent, le

Chacun des associés fournira la somme de   , qui formera un capital de   ; lequel sera remis à M. Badré, pour être employé en achat de vins de Bordeaux et vins du Midi.

Les marchandises achetées par M. Badré seront expédiées à MM. Duchemin et Merlin pour être vendues.

Les fonds provenant de la vente des marchandises expédiées par M. Badré lui seront renvoyés par MM. Duchemin et Merlin, pour, par lui, être employés en nouveaux achats.

Tous les mois, chacun des associés prélèvera une somme de   , et chaque année, un inventaire constatant la situation de la société sera dressé, etc.

Fait triple entre les parties à Bordeaux, le deux juillet mil huit cent

6. — Acte de Société entre deux marchands.

Entre les soussignés :

M. Charles Toussaint, marchand de vins en gros, demeurant à   *d'une part ;*

Et M. Jacques Boulin, propriétaire, demeurant à
d'autre part ;

Il a été convenu et arrêté ce qui suit :

Une société pour le commerce de vins en gros est consentie et formée entre les soussignés, aux conditions suivantes :

Art. 1er. — Le sieur Toussaint apporte dans ladite

société son fonds de commerce de vins déjà établi, ensemble la clientèle, les ustensiles nécessaires audit commerce ; le tout de la valeur de   , ainsi qu'il en a justifié audit sieur Boulin, qui déclare avoir une parfaite connaissance du tout.

Art. 2. — Le sieur Boulin apporte dans ladite société la somme de   , comptant, ou en billets de   , payables, savoir : (*Désigner la valeur de chaque billet et l'époque du paiement de chacun d'eux.*)

Art. 3. — Sur la somme de   , apportée dans ladite société par le sieur Boulin, celle de
sera employée en achats de marchandises, et le surplus sera mis dans la caisse de la société.

Art. 4. — Ladite société aura lieu pour dix ans, à partir du   , pour finir le

Art. 5. — La société est formée sous la raison de commerce Toussaint et J. Boulin, et s'exercera en la maison de

Art. 6. — Le sieur Toussaint aura seul la signature de tous les effets et obligations de commerce.

Art. 7. — Le sieur Boulin tiendra les livres et la caisse de la société.

Art. 8. — Chacun des associés pourra recevoir et payer tous les effets de commerce de la société.

Art. 9. — Tous les achats seront faits par M. Toussaint, mais aucun achat au-delà de la somme de
ne pourra être fait sans l'avis et le consentement de M. Boulin, son associé.

Art. 10. — Toute vente de marchandises pourra être faite indistinctement par l'un ou l'autre des deux associés.

Art. 11. — Tous les mois, chacun des associés prélèvera, sur les bénéfices de la société, la somme de
pour ses besoins particuliers.

Art. 12. — Tous les ans, il sera fait un inventaire général, et la moitié des bénéfices sera partagée entre les associés ; l'autre moitié restera en caisse, pour être employée en achats et marchandises.

Art. 13. — Si, pendant le cours de ladite société, il s'élève quelques contestations entre les associés, elles seront terminées par la voie des arbitres, auxquels lesdits associés déclarent dès maintenant s'en rapporter.

Art. 14. — A l'expiration de ladite société, il sera fait entre les associés un partage égal des marchandises, des capitaux en caisse, et de ceux à recouvrer.

Fait double à   , le

7. — Acte de Société en commandite.

Entre les soussignés :

M. Joseph Durand, etc.,	*d'une part ;*
M. Louis Lapierre, etc.,	*d'autre part ;*
M. Jules Dubois, etc.,	*aussi d'autre part ;*
Et M. Charles Barré, etc.,	*encore d'autre part ;*

Il a été fait et arrêté les conventions suivantes :

Il est formé et établi entre les soussignés une société en commandite, pour le commerce de   , à partir de ce jour et pour durer quinze ans, devant, par conséquent, finir le

Elle est formée aux conditions suivantes :

Art. 1er. — Le capital de ladite société sera de   . dont   sera fourni par le sieur Durand, en marchandises du commerce de   , pour lequel ladite société est formée, et pareillement fourni en marchandises du commerce de   par le sieur Lapierre, et   en espèces fournies par les sieurs Dubois et Barré, associés commanditaires.

Art. 2. — Les marchandises du sieur Durand seront réunies à celles du sieur Lapierre, dans la maison qu'il occupe, et où il fait le commerce de   , à   , rue   , et les sommes de   , fournies par MM. Dubois et Barré, seront remises à M. Durand, pour être employées en acquisitions de nouvelles marchandises.

Art. 3. — Ladite société existe sous la raison de : Durand et Lapierre, qui administreront en commun ladite société.

Art. 4. — Il sera payé par la société, à M. Lapierre, la somme de   , chaque année, pour le loyer des bâtiments et magasins à l'usage du commerce de la société, et la nourriture du commis employé par la société ; cette somme lui sera payée en quatre paiements égaux, de trois mois en trois mois.

Art. 5. — Tous les trois mois, il sera fait état de situation de ladite société, et la moitié des bénéfices sera

prélevée pour être partagée entre les quatre associés,
et l'autre moitié restera en caisse, pour être employée
en marchandises.

Art. 6.—Tous les ans, il sera fait inventaire général.

Art. 7.—S'il arrive des pertes dans ladite société, elles
seront supportées par tous les associés ; mais les sieurs
Dubois et Barré, à titre d'associés commanditaires, ne
seront pas tenus des dettes de la société au-delà de leur
mise de fonds.

Art. 8. — En cas de décès de l'un des associés Durand ou Lapierre, la société sera dissoute, et il sera pro-
cédé à la liquidation des comptes et au partage; mais, si
c'est l'un des associés commanditaires, Dubois ou Barré,
qui décède pendant le cours de ladite société, elle con-
tinuera jusqu'à l'expiration du temps fixé, et la part des
bénéfices devant en revenir au décédé sera remise à ses
héritiers.

Art. 9. — A l'expiration de la société, il sera fait
état de situation et inventaire général, et les marchandises, capitaux et effets de commerce appartenant à la
société seront partagés entre les associés.

Art. 10. — La liquidation sera faite par M.   ,
qui en rendra compte aux autres associés.

Art. 11. — S'il s'élève, pendant le cours de la société, quelques contestations entre les associés, elles seront soumises à des arbitres que les parties se choisi-
ront elles-mêmes, ou qui seront nommés d'office par le
tribunal de commerce.

Fait quadruple à   , le

8. — Renonciation à une Société.

Entre les soussignés :

B...., demeurant à   , associé avec les sieurs
C...., D.... et T...., pour le commerce de   , par
acte sous seing-privé en date du   , *d'une part ;*

Et lesdits sieurs C...., D.... et T....,   *d'autre part ;*

Il a été convenu ce qui suit :

Ledit sieur B...., du consentement de tous les susdits
associés, renonce à la société qui existe entre eux, et se
désiste de l'effet et exécution dudit acte de société, et
consent n'y avoir plus de part en aucune manière.

Au moyen de cette renonciation, il est arrêté entre

lesdits associés que lesdits sieurs C....., D.... et T....
feront audit sieur B... raison de la somme de
pour lui tenir lieu de toute indemnité de sa mise de
fonds et des bénéfices dans la société, sans qu'il puisse
rien réclamer de plus.

Il est encore arrêté que lesdits sieurs C...., D.... et
T...., associés restants, au moyen de la somme de   ,
à laquelle ledit sieur B.... se restreint, pour tous ses
droits et prétentions dans ladite société, lui garantissent
la décharge de toutes dettes généralement quelconques.
passées, présentes et à venir, relativement à ladite société ; qu'eux seuls en seront passibles et responsables.

Fait quadruple à   , le

9. — Résolution volontaire d'une Société.

Entre les soussignés :

MM. A...., B...., C.... et D...., associés par acte sous
seing-privé, en date du   , pour le commerce
de

Il a été convenu que la société qui existe entre les sus-
nommés, sous la raison sociale : A.... et Compagnie,
conformément à l'acte de société sus-relaté, est, à partir de ce jour, de leur mutuel consentement, résolue ; et,
au moyen de ce qu'ils se sont respectivement fait raison
de tout ce qu'ils pouvaient se devoir l'un à l'autre pour
cause de ladite société, ils se tiennent l'un l'autre parti-
culièrement et généralement quittes.

Fait quadruple à   , le

10. — Extrait d'Acte de Société à inscrire et afficher au Tribunal de Commerce (1).

Par acte fait double (*ou* triple, *ou* quadruple) sous
seing-privé, en date du   , entre les sieurs B....,
C.... et D....,

Il appert :

Que lesdits sieurs B...., C.... et D.... ont formé une
société en nom collectif, sous la raison sociale de   ;

---

(1) L'extrait des actes de société en nom collectif et en commandite
doit être remis, dans la quinzaine de leur date, au greffe du tribunal de
commerce de l'arrondissement dans lequel est établie la maison de
commerce sociale, pour être transcrit sur le registre et affiché pendant
trois mois dans la salle des audiences, à peine de nullité à l'égard des
intéressés. (*Code de commerce, art.* 42.)

que le sieur B.... a seul la signature de la société ; que le sieur C.... est chargé de la tenue des livres et de la caisse, et que le sieur D.... est chargé de   ; que ladite société est formée pour   ans, qui ont commencé le   , et finiront le   . Le présent extrait certifié véritable et conforme à l'acte original, par nous associés soussignés.

A   , le

11. — Extrait d'acte de Société en commandite à inscrire au Tribunal de Commerce.

Par acte sous seing-privé en date du   , fait double (*ou* triple, *ou* quadruple) entre les sieurs B.... et C...., et les sieurs   , qui ne doivent pas être nommés,

Il appert

Que lesdits sieurs B.... et C...., tous deux associés solidaires, ont formé, avec les deux autres personnes, une société en commandite, sous la raison de   , pour le commerce de   ; que le capital de la société est de   ; que ladite société est administrée par C.... ; qu'elle est établie pour   ans, qui ont commencé le   . et finiront le

Le présent extrait certifié véritable et conforme à l'acte original par nous associés soussignés.

Fait à   , le

COMPTE DE TUTELLE.

Le compte de tutelle est le compte que tout tuteur doit rendre de ses gestion et administration des biens d'un mineur, lorsque ce mineur a atteint sa majorité, ou a obtenu son émancipation. Ce compte peut se rendre à l'amiable, et, s'il s'élève sur ce compte des contestations, elles sont portées devant le tribunal de première instance, qui les juge comme les autres contestations en matière civile. (*Voyez, à la fin de l'ouvrage, les lois relatives aux comptes de tutelle.*)

ENREGISTREMENT.

Droit fixe de 2 francs, lorsque le paiement du reliquat dû est constaté dans l'acte d'arrêté définitif.

Mais il est dû un droit proportionnel de 50 cent. par 100 francs lorsque le montant du reliquat n'est pas soldé immédiatement.

FORMULES.

« Compte de l'administration de M. Jean-François
» Durand, propriétaire, demeurant à   , comme
» tuteur légal de M. Joseph Durand, fils de lui et de
» dame Louise Ballet, son épouse, décédée ; ledit Joseph
» Durand, actuellement majeur, étant né le   ,
» à   »

OBSERVATIONS PRÉLIMINAIRES.

M. Jean-François Durand et la dame Louise Ballet se sont mariés le   , de l'année   , sans avoir fait précéder cette union d'aucun contrat de mariage.

De cette union est né un enfant, ledit Joseph Durand.

Madame Durand est décédée à   , le   , le laissant pour son seul héritier.

L'inventaire fait après son décès par M^e   , notaire à   , le   , enregistré, constate que les biens meubles dépendant de la communauté qui avait existé entre M. Durand et Mme Durand s'élevaient à 2 200 francs, ci   2 200 fr.

Que les dettes-actives étaient de 200 fr., ci   200

Que l'argent comptant trouvé s'élevait à 800 fr., ci   800

En tout 3 200 fr., ci   3 200 fr.

Et que les dettes passives étaient de 200 fr., ci   200

Restait 3 000 fr., ci   3 000 fr.

Ceci posé, le compte dont est question doit s'établir ainsi qu'il suit :

CHAPITRE 1er.

Actif.

Il se compose de :

1º La moitié des 3 000 fr. composant la part de Madame Durand dans l'actif de la communauté qui a existé entre elle et son mari, ainsi qu'il résulte de l'inventaire sus-rappelé, ci   1 500 fr.

2º La moitié du produit de la vente de tous les biens immeubles dépendant de ladite communauté ; laquelle vente a été faite par M. Durand, tant en son nom personnel que comme se portant fort pour son fils, encore mineur, par le ministère de Me   , notaire à   , suivant acte en date du   , enregistré.

Cette vente s'est élevée à 15 000 fr.

Ladite moitié afférente audit mineur est de 7 500 fr., ci   7 500

3º Le montant de la dot de Madame Durand (laquelle a été reçue en espèces et en entier par sondit mari), s'élevant à 6 000 fr., ci   6 000

4º Etc.

Total,   »   »

CHAPITRE 2.

Passif.

Il se compose de :

1º La somme de 350 fr. que M. Durand père a avancée à son fils, le   , pour   , ci   350 fr.

2º Celle de 1 800 fr. qu'a dépensée son fils durant l'année   , pour acquisition et embellissement de   , ci   1 800

3º Celle de   , etc.

RÉCAPITULATION.

L'actif s'élève à   »f   »

Le passif à   »   »

Différence,   »f   »

Du présent compte, que ledit sieur Durand père affirme sincère et véritable, il résulte que l'actif excède le passif de   , dont il est redevable envers son fils.

   Fait et dressé par ledit sieur Durand père, à   ,
le

(Signature.)

2. — Arrêté de Compte de tutelle (1).

   Entre les soussignés :

M. Jean-François Durand, propriétaire, demeurant à

d'une part ;

Et M. Joseph Durand, sans profession, demeurant avec ledit M. Jean-François Durand, son père,

d'autre part ;

   Il a été dit et fait ce qui suit :

M. Joseph Durand, après avoir pris connaissance du compte ci-dessus des gestion et administration que M. Durand père a eues de sa personne et de ses biens, comme son tuteur, depuis le   , jour où il a atteint l'âge de dix-huit ans, jusqu'à   , et toutes les pièces à l'appui de ce compte, déclare avoir trouvé tout le contenu audit compte parfaitement exact.

En conséquence, lesdits sieurs Durand ont arrêté définitivement le reliquat actif de ce compte à la somme de   , que M. Durand père a payée comptant à son pupille, qui le reconnaît, et lui en accorde bonne et valable quittance.

Ou bien : à la somme de   , que M. Durand père a promis de payer à M. son fils dans le délai de   , et, jusqu'au paiement effectif dudit reliquat, de lui en servir les intérêts à raison de cinq pour cent par année.

   Fait double à   , le

(Signatures.)

---

(1) Cet arrêté doit être fait dix jours au moins après le compte de tutelle lui-même.

Il doit être présenté à la formalité de l'enregistrement avec ce compte.

INSCRIPTION HYPOTHÉCAIRE.

C'est la déclaration qu'un créancier fait, sur un registre public, de l'hypothèque qu'il a sur les biens de son débiteur.

L'hypothèque ne peut être conservée que par l'inscription. Cette inscription se fait au bureau de la conservation des hypothèques dans l'arrondissement duquel sont situés les biens soumis au privilége ou à l'hypothèque.

Pour opérer l'inscription, le créancier représente, soit par lui-même, soit par un tiers (lors même qu'il n'aurait pas de procuration), au conservateur des hypothèques, l'original en brevet, ou une expédition authentique du jugement ou de l'acte qui donne naissance au privilége ou à l'hypothèque.

Il y joint deux bordereaux écrits sur papier timbré, dont l'un peut être porté sur l'expédition du titre ; ils doivent contenir (*à peine de nullité de l'inscription*) : 1° les nom, prénoms, domicile du créancier, sa profession, s'il en a une, et l'élection d'un domicile pour lui dans un lieu quelconque de l'arrondissement du bureau ; 2° les nom, prénoms, domicile du débiteur, sa profession, s'il en a une connue, ou une désignation individuelle et spéciale telle, que le conservateur puisse reconnaître et distinguer dans tous les cas l'individu grevé d'hypothèques ; 3° la date et la nature du titre ; 4° le montant du capital des créances exprimées dans le titre, ou évaluées par l'inscrivant, pour les rentes et prestations, ou pour les droits éventuels, conditionnels ou indéterminés, dans le cas où cette évaluation est ordonnée ; comme aussi le montant des accessoires de ces capitaux et l'époque de l'exigibilité, l'indication de l'espèce et de la situation des biens sur lesquels il entend conserver son privilége ou son hypothèque. Cette dernière disposition n'est pas nécessaire dans le cas des hypothèques.

légales ou judiciaires : à défaut de convention, une seule inscription, pour ces hypothèques, frappe tous les immeubles compris dans l'arrondissement du bureau.

Les droits d'hypothèques purement légales de l'état, des communes et des établissements publics sur les biens des comptables, ceux des mineurs ou interdits sur les tuteurs, des femmes mariées sur leurs époux, seront inscrits sur la représentation de deux bordereaux contenant seulement : 1° les nom, prénoms, profession et domicile du créancier, et le domicile qui sera, par lui ou pour lui, élu dans l'arrondissement ; 2° les nom, prénoms, profession, domicile ou désignation précise du débiteur ; 3° la nature des droits à conserver, et le montant de leur valeur quant aux objets déterminés, sans être tenu de le fixer quant à ceux qui sont conditionnels, éventuels ou indéterminés.

Les inscriptions conservent l'hypothèque et le privilége pendant *dix années*, à compter du jour de leur date ; leur effet cesse, si ces inscriptions n'ont été renouvelées avant l'expiration de ce délai.

Ceci ne s'applique pas aux hypothèques légales des femmes mariées et des mineurs ; puisque ces hypothèques existent sans inscription, elles existent aussi sans renouvellement.

Par qui l'inscription peut-elle être requise ? Un pouvoir verbal est nécessaire sans doute pour pouvoir requérir inscription au nom du créancier ; mais celui qui requiert l'inscription et qui représente les titres est supposé, par cela même, avoir un pouvoir suffisant. Les bordereaux peuvent à la rigueur ne pas être signés. Les mineurs, les interdits, les femmes mariées, ont capacité suffisante pour requérir inscription, même sans autorisation. (*Code civil, art.* 2 146 *et suivants.*)

FORMULES.

1. — Inscription en vertu d'une obligation.

Inscription est requise au bureau des hypothèques établi à

Au profit de M. Gustave Merlin, propriétaire, demeurant à

Pour lequel domicile est élu en la demeure de M.   , à

Contre M. Jacques Lefort, propriétaire, et dame Jeanne Baron, son épouse, demeurant ensemble à   , obligés solidaires,

Pour sûreté et avoir paiement :

1° De la somme de 20,000 francs exigible le   , et productible d'intérêts à raison de cinq pour cent par année, payables annuellement, à compter du   , ci   20,000 »

2° De trois années d'intérêts, y compris celle courante, dont la loi conserve le rang,   MÉMOIRE.

3° Et des frais d'actes, de mise à exétion, s'il y a lieu, et autres,   MÉMOIRE.

Résultant d'une obligation passée devant Mᵉ   , notaire à

Par hypothèque spéciale sur :

1° Une maison, etc.

2° Etc.

2. — Inscription en vertu d'une obligation, et Subrogation dans l'hypothèque de la femme du débiteur.

Quand il y a subrogation au profit du créancier dans l'hypothèque légale de la femme du débiteur, on ajoute, après avoir copié la désignation des biens affectés :

Et en outre, M. le conservateur est requis de faire mention, sur ses registres, de la subrogation consentie, suivant l'obligation sus-datée et énoncée, par la dame Lefort, au profit du sieur Merlin, jusqu'à concurrence du montant, en principal et intérêts, de sa créance, et par priorité et préférence à elle-même et à tous autres, dans l'effet entier de son hypothèque légale contre son mari.

(Signature du requérant.)

3. — Inscription de Privilége au profit d'un vendeur contre son acquéreur.

Bordereau de créance privilégiée à inscrire au bureau des hypothèques établi à

Au profit de M. Joseph Bricoteaux, propriétaire, demeurant à

Pour lequel domicile est élu à

Contre M. Alexandre Garot, propriétaire, demeurant à

En vertu d'un acte passé devant Me   , notaire à   , le   , suivant lequel le sieur Bricoteaux a vendu au sieur Garot :

1° Une maison, etc.;

2° Un jardin, etc.;

Pour sûreté et garantie :

1° De la somme de 6,000 francs, formant le prix d'acquisition desdits maison et jardin ci-dessus désignés, exigible en six paiements égaux, dont le premier aura lieu le   , le second le   , etc., et productible d'intérêts à raison de cinq pour cent par année, payable avec chaque fraction du principal et courant à partir du   , ci   6,000 »

2° De trois années d'intérêts, y compris celle courante.   MÉMOIRE.

Par privilége sur les immeubles ci-dessus désignés.

(Signature du requérant.)

4. — Inscription de Privilége au profit d'un héritier contre ses co-héritiers, pour sûreté d'une soulte.

Bordereau de créance privilégiée à inscrire au bureau des hypothèques établi à

Au profit de M. Louis D...., maçon, demeurant à   , lequel fait élection de domicile à   , en la demeure de M.

Contre M. Jacques D...., son frère, tailleur d'habits, demeurant à

En vertu d'un acte passé devant Me   , notaire à   , le   , enregistré, contenant liquidation et partage des biens composant la succession de Pierre D...., père des sus-nommés, dont ils étaient héritiers,

Pour sûreté ;

1° De la somme de 1,000 francs, montant de la soulte faite par le sieur Jacques D...., au profit du sieur Louis D...., aux termes du partage sus-énoncé, exigible le

, et, jusqu'à son paiement effectif, productible d'intérêts à raison de cinq pour cent par année, à compter du   , et payables   , ci   1,000 »

2° Et des intérêts de cette somme, conservés par la loi.   MÉMOIRE.

Par privilége sur une maison située à   , rue (*La désigner*), abandonnée au sieur Jacques D.... par le partage ci-dessus énoncé.

(*Signature du requérant.*)

5. — Inscription d'Hypothèque judiciaire.

Inscription est requise au bureau des hypothèques de

Au profit de M. Jean-Louis Baron, propriétaire, demeurant à   , pour lequel domicile est élu en sa demeure, sise à   , rue   , N°

Contre le sieur Joseph Dubois, menuisier, demeurant à

Pour sûreté et avoir paiement :

1° De la somme de mille francs, exigible de suite, et productible d'intérêts à raison de cinq pour cent à partir du   , ci   1,000 »

2° De trois années d'intérêts, y compris celle courante, dont la loi conserve le rang.   MÉMOIRE.

3° Frais et mise à exécution,   MÉMOIRE.

Total,   »   »

Résultant d'un jugement rendu par défaut par le tribunal civil de   , enregistré à   , le   , et signifié ;

Sur tous les biens présents et à venir dudit sieur Dubois, qui se trouvent ou trouveront situés dans l'arrondissement de ce bureau.

(*Signature du requérant.*)

PÉTITION, DEMANDE, RÉCLAMATION.

Toute personne a le droit d'adresser des pétitions individuelles a toute autorité constituée.

Sous le nom de pétitions, on doit entendre aussi les écrits désignés sous le nom de placets, requêtes, mémoires et autres, qui ont pour but de demander et d'obtenir quelque grâce, faveur, protection et avantage quelconque.

Toute pétition présentée à une autorité constituée, qui n'a point pour objet une demande de congé, de secours, d'avancement, de récompense militaire, de passeport pour retourner dans les colonies, doit être écrite sur papier timbré de dimension.

La dimension du papier qui s'emploie pour une pétition est ordinairement celle du papier timbré à 1 fr. 25, quand elles doivent être présentées aux ministres. Pour les pétitions de peu d'importance, on peut se servir de feuilles de papier d'une plus petite dimension, et même d'un simple quart de feuille timbré à 35 centimes.

Les pétitions se font en double copie, l'une sur papier timbré, comme il vient d'être dit, l'autre sur papier libre.

MODÈLES DE PÉTITIONS.

1. — Demande pour obtenir une permission de défrichement.

A Monsieur le Directeur-Général des forêts.

Monsieur,

Un bois planté il y a   ans, dans la commune de   , arrondissement de   , département

6

de   , contenant environ   , n'ayant pu réussir sur ce terrain, malgré tous les soins qu'on a pris pour sa plantation et sa culture, j'ai l'honneur de vous demander la permission de le défricher, afin de ne pas laisser plus longtemps sans rapport une propriété qui, sous une autre culture, deviendrait profitable. Dans cet état de choses, dont vous pouvez vous faire rendre compte par les rapports des gardes-forestiers de cet arrondissement, j'ose espérer de votre justice l'effet de ma demande.

J'ai l'honneur d'être avec le plus profond respect,
Monsieur le Directeur-Général,
Votre très-humble et très-obéissant serviteur.

(Signature.)

2. — Au même, pour obtenir une place de Garde-Forestier.

A Monsieur, etc.

Monsieur,

Un ancien militaire, ayant obtenu son congé après   ans de service dans les régiments   , étant dans la force de l'âge, n'ayant aucune infirmité, muni de certificats qui attestent sa bonne conduite, a l'honneur de vous supplier de lui accorder la place de garde de la forêt de   , vacante par la mort de   , son proche parent, qui l'occupait, et tenue depuis plus d'un siècle par cette famille, dont il est le seul membre qui puisse aujourd'hui la remplir.

Sa reconnaissance pour ce bienfait égalera le profond respect avec lequel il a l'honneur d'être,
Monsieur le Directeur-Général,
Votre très-humble, etc.

3. — Demande pour obtenir une réduction d'impôt personnel.

A Monsieur le préfet du département de

Monsieur le Préfet,

Le soussigné Jean-Baptiste Durand, propriétaire, demeurant à   , a l'honneur de vous exposer qu'il a été imposé, au rôle de la contribution personnelle de l'année   , à la somme de   , et que son loyer n'est que de la somme de   , et qu'il ne peut être évalué davantage, et que par conséquent sa taxe n'a pas dû être portée à   ; c'est pourquoi il vous demande une réduction, et l'attend de votre justice.

Il est avec un profond respect,

Monsieur le préfet,

Votre très-humble et très-obéissant serviteur.

4. — Demande en réduction de contribution foncière.

A Monsieur, etc.

Monsieur le Préfet,

Le soussigné   , a l'honneur de vous exposer qu'il a été taxé à la somme de   , pour sa contribution foncière de l'année   ; que la maison qui a servi de base pour cet impôt a sans doute été évaluée à un revenu beaucoup plus considérable que celui qu'elle produit réellement.

C'est pourquoi il vous demande que, d'après une nouvelle estimation, il lui soit accordé une réduction qui rétablisse sa taxe de contribution mobilière au taux où elle doit être.

Il attend cette faveur de votre équité, et vous salue respectueusement.

(Signature.)

5. — Autre pour le même sujet.

A Monsieur, etc.

Monsieur le Préfet,

Le soussigné B...., demeurant à   , a l'honneur de vous exposer que la maison dont il est propriétaire à   , est demeurée vacante pendant   consécutifs, à cause des réparations qu'il a été obligé d'y faire ; c'est pourquoi il vous prie de lui accorder une réduction proportionnée au temps qu'elle est restée inhabitable.

Il attend cette faveur de votre justice.

Il est avec un profond respect,

Monsieur le Préfet,

Votre très-humble et très-obéissant serviteur.

(Signature.)

6. — Autre pour le même sujet à cause de grêle.

A Monsieur le Préfet, etc.

Monsieur le Préfet,

Le soussigné B...., demeurant à   , a l'honneur de vous exposer que la plus grande partie de sa récolte a été détruite cette année par la grêle, ainsi que l'attestent les certificats joints à la présente ; c'est pourquoi il vous supplie, prenant en considération la perte considérable qu'il a éprouvée, de lui accorder pour dédommagement la remise de sa contribution foncière.

Il attend cette faveur de votre justice.

Il est avec un profond respect,

Monsieur le Préfet, etc.

7.—Pour demander un alignement.

A Monsieur le Préfet du département de

Monsieur le Préfet,

Dans l'intention de faire construire un bâtiment dans ma propriété, sise à   , lieudit   , donnant sur la route nationale N°   , je vous prie de vouloir ordonner que l'inspection des lieux soit faite par telle personne qu'il appartient, pour, d'après son rapport, être par vous donné l'alignement que je dois suivre dans cette construction.

Je suis en attendant, avec un profond respect,

Monsieur le Préfet, etc.

8. — Pour autorisation d'établissement d'une Fabrique ou Manufacture.

A Monsieur le Préfet du département de

Monsieur le Préfet,

Désirant former, dans la commune de   , l'établissement d'une fabrique (*ou* manufacture de   ), dont l'autorisation est laissée à votre prudence par le décret du 15 octobre 1810, je joins à la présente un état des opérations de cette fabrique, pour que, conformément à l'article 7 de ce décret, vous fassiez dresser le procès-verbal *de commodo et incommodo*, d'après lequel vous statuerez.

J'ai l'honneur d'être avec un profond respect,

Monsieur le Préfet, etc.

9. — Autre pour le même objet.

A Monsieur, etc.

Monsieur le Préfet,

Le 15 juin 18   , d'après la demande que je vous ai adressée pour obtenir votre autorisation à l'effet d'élever, dans la commune de   , une fabrique de   , procès-verbal *de commodo et incommodo* a été dressé, et il résulte, tant du rapport des commissaires que de la délibération du conseil municipal de la commune, qui vous ont été transmis, que cet établissement ne présente aucun sujet de crainte pour la salubrité et la sûreté publiques, puisqu'il est éloigné des habitations de plus de   , et que   , etc.

Dans cet état de choses, je vous réitère ma demande, et j'attends de votre justice et de la protection que vous avez toujours accordée à l'industrie et aux arts une décision favorable.

Dans cet espoir, j'ai l'honneur d'être avec un profond respect ,

Monsieur le Préfet, etc.

Votre très-humble et très-obéissant serviteur.

10. — Modèle de Réquisition par un Maire.

Nous, Maire de la commune de   , canton de   , arrondissement de   , département de

Requérons, en vertu de la loi, le commandant de la gendarmerie de   (*ou* le commandant de la garde nationale de   , *ou* le commandant de la troupe de ligne à la résidence de   )

De prêter les secours nécessaires que nous estimons devoir s'élever à la force de   hommes, pour prévenir et repousser les attroupements, *ou* prévenir tel dessein criminel (*En désigner la nature*).

Fait à   , le

(Signature.)

11. — Autre modèle de Réquisition.

Nous, Maire (*ou* Adjoint) de la commune de   , canton de   , arrondissement de   , département de

Vu l'article 44 du Code d'instruction criminelle,

Invitons M.   , médecin de la commune de   , de se transporter immédiatement dans notre commune, pour procéder à l'examen du cadavre du nommé   , mort assassiné ou présumé décédé de mort violente.

Fait à   le

(Signature.)

LOIS RELATIVES AUX PROCURATIONS.

De la Nature et de la Forme du Mandat.

1984. Le mandat ou procuration est un acte par lequel une personne donne à une autre le pouvoir de faire quelque chose pour le mandant et en son nom.

Le contrat ne se forme que par l'acceptation du mandataire.

1985. Le mandat peut être donné ou par acte public, ou par écrit sous seing-privé, même par lettre. Il peut aussi être donné verbalement ; mais la preuve testimoniale n'en est reçue que conformément au titre *des Contrats ou des Obligations conventionnelles en général.*

L'acceptation du mandat peut n'être que tacite, et résulter de l'exécution qui lui a été donnée par le mandataire.

1986. Le mandat est gratuit s'il n'y a convention contraire.

1987. Il est, ou spécial et pour une affaire ou certaines affaires seulement, ou général et pour toutes les affaires du mandant.

1988. Le mandat conçu en termes généraux n'embrasse que les actes d'administration.

S'il s'agit d'aliéner ou hypothéquer, ou de quelque autre acte de propriété, le mandat doit être exprès.

1989. Le mandataire ne peut rien faire au-delà de ce qui est porté dans son mandat ; le pouvoir de transiger ne renferme pas celui de compromettre.

1990. Les femmes et les mineurs émancipés peuvent être choisis pour mandataires ; mais le mandant n'a d'action contre le mandataire mineur que d'après les règles générales relatives aux obligations des mineurs, et contre la femme mariée et qui a accepté le mandat sans autorisation de son mari, que d'après les règles établies au titre *du Contrat de Mariage et des Droits respectifs des Epoux.*

Des Obligations du Mandataire.

1991. Le mandataire est tenu d'accomplir le mandat tant qu'il en demeure chargé, et répond des dommages-intérêts qui pourraient résulter de son inexécution.

Il est tenu de même d'achever la chose commencée au décès du mandant, s'il y a péril en la demeure.

1992. Le mandataire répond non seulement du dol, mais encore des fautes qu'il commet dans sa gestion.

Néanmoins, la responsabilité relative aux fautes est appliquée moins rigoureusement à celui dont le mandat est gratuit qu'à celui qui reçoit un salaire.

1993. Tout mandataire est tenu de rendre compte de sa gestion, et de faire raison au mandant de tout ce qu'il a reçu en vertu de sa procuration, quand même ce qu'il aurait reçu n'eût point été dû au mandant.

1994. Le mandataire répond de celui qu'il s'est substitué dans la gestion, 1° quand il n'a pas reçu le pouvoir de se substituer quelqu'un; 2° quand ce pouvoir lui a été conféré sans désignation d'une personne, et que celle dont il a fait choix était notoirement incapable ou insolvable.

Dans tous les cas, le mandant peut agir directement contre la personne que le mandataire s'est substituée.

1995. Quand il y a plusieurs fondés de pouvoir ou mandataires établis par le même acte, il n'y a de solidarité entre eux qu'autant qu'elle est exprimée.

1996. Le mandataire doit l'intérêt des sommes qu'il a employées à son usage, à dater de cet emploi; et de celles dont il est le reliquataire, à compter du jour qu'il est mis en demeure.

1997. Le mandataire qui a donné à la partie avec laquelle il contracte en cette qualité une suffisante connaissance de ses pouvoirs n'est tenu d'aucune garantie pour ce qui a été fait au-delà, s'il ne s'y est personnellement soumis.

Des Obligations du Mandant.

1998. Le mandant est tenu d'exécuter les engagements contractés par le mandataire, conformément au pouvoir qui lui a été donné.

Il n'est tenu de ce qui a pu être fait au-delà qu'autant qu'il l'a ratifié expressément ou tacitement.

1999. Le mandant doit rembourser au mandataire les avances et frais que celui-ci a faits pour l'exécution du mandat, et lui payer ses salaires lorsqu'il en a été promis.

S'il n'y a aucune faute imputable au mandataire, le mandant ne peut se dispenser de faire ces remboursement et paiement, lors même que l'affaire n'aurait pas réussi, ni faire réduire le montant des frais et avances sous le prétexte qu'ils pouvaient être moindres.

2000. Le mandant doit aussi indemniser le mandataire des pertes que celui-ci a essuyées à l'occasion de sa gestion, sans imprudence qui lui soit imputable.

2001. L'intérêt des avances faites par le mandataire lui est dû par le mandant à dater du jour des avances constatées.

2002. Lorsque le mandataire a été constitué par plusieurs personnes pour une affaire commune, chacune d'elles est tenue solidairement envers lui de tous les effets du mandat.

Des différentes manières dont le Mandat finit.

2003. Le mandat finit :
Par la révocation du mandataire ;
Par la renonciation de celui-ci au mandat ;
Par la mort naturelle ou civile, l'interdiction ou la déconfiture, soit du mandant, soit du mandataire.

2004. Le mandant peut révoquer sa procuration quand bon lui semble, et contraindre, s'il y a lieu, le mandataire à lui remettre, soit l'écrit sous seing-privé qui la contient, soit l'original de la procuration, si elle a été délivrée en brevet, soit l'expédition, s'il en a été gardé minute.

2005. La révocation notifiée au seul mandataire ne peut être opposée aux tiers qui ont traité dans l'ignorance de cette révocation, sauf au mandant son recours contre le mandataire.

2006. La constitution d'un nouveau mandataire pour la même affaire vaut révocation du premier à compter du jour où elle a été notifiée à celui-ci.

2007. Le mandataire peut renoncer au mandat en notifiant au mandant sa renonciation.

Néanmoins, si cette renonciation préjudicie au mandant, il devra en être indemnisé par le mandataire, à moins que celui-ci ne se trouve dans l'impossibilité de continuer le mandat sans en éprouver lui-même un préjudice considérable.

2008. Si le mandataire ignore la mort du mandant, ou l'une des autres causes qui font cesser le mandat, ce qu'il a fait dans cette ignorance est valide.

2009. Dans les cas ci-dessus, les engagements du mandataire sont exécutés à l'égard des tiers qui sont de bonne foi.

2010. En cas de mort du mandataire, ses héritiers doivent en donner avis au mandant, et pourvoir, en attendant, à ce que les circonstances exigent pour l'intérêt de celui-ci.

LOIS RELATIVES AUX VENTES.

De la Nature et de la Forme de la Vente.

1582. La vente est une convention par laquelle l'un s'oblige à livrer une chose et l'autre à la payer.

Elle peut être faite par acte authentique ou sous seing-privé.

1585. Lorsque des marchandises ne sont pas vendues en bloc, mais au poids, au compte et à la mesure, la vente n'est point parfaite, en ce sens que les choses vendues sont aux risques du vendeur jusqu'à ce qu'elles soient pesées, comptées ou mesurées ; mais l'acheteur peut en demander ou la délivrance ou des dommages-intérêts, s'il y a lieu, en cas d'inexécution de l'engagement.

1586. Si, au contraire, les marchandises ont été vendues en bloc, la vente est parfaite, quoique les marchandises n'aient pas encore été pesées, comptées ou mesurées.

1587. A l'égard du vin, de l'huile et des autres choses que l'on est dans l'usage de goûter avant d'en faire l'achat, il n'y a point de vente tant que l'acheteur ne les a pas goûtées et agréées.

1588. La vente faite à l'essai est toujours présumée faite sous une condition suspensive.

1589. La promesse de vente vaut vente lorsqu'il y a consentement réciproque des deux parties sur la chose et sur le prix.

1590. Si la promesse de vendre a été faite avec des arrhes, chacun des contractants est maître de s'en départir ; celui qui les a données, en les perdant ; et celui qui les a reçues, en restituant le double.

1591. Le prix de la vente doit être déterminé et désigné par les parties.

1592. Il peut cependant être laissé à l'arbitrage d'un tiers : si le tiers ne veut ou ne peut faire l'estimation, il n'y a point de vente.

1593. Les frais d'acte et autres accessoires à la vente sont à la charge de l'acheteur.

Qui peut acheter ou vendre.

1594. Tout ceux auxquels la loi ne l'interdit pas peuvent acheter ou vendre.

1595. Le contrat de vente ne peut avoir lieu entre époux que dans les trois cas suivants :

1° Celui où l'un des deux époux cède des biens à l'autre, séparé judiciairement d'avec lui, en paiement de ses droits.

2° Celui où la cession que le mari fait à sa femme, même non séparée, a une cause légitime, telle que le remploi de ses immeubles aliénés, ou de deniers à elle appartenant, si ces immeubles ou deniers ne tombent pas en communauté.

3° Celui où la femme cède des biens à son mari en

paiement d'une somme qu'elle lui aurait promise en dot, et lorsqu'il y a exclusion de communauté.

Sauf, dans ces trois cas, les droits des héritiers des parties contractantes, s'il y a avantage indirect.

1596. Ne peuvent se rendre adjudicataires, sous peine de nullité, ni par eux-mêmes, ni par personnes interposées :

Les tuteurs, des biens de ceux dont ils ont la tutelle ;

Les mandataires, des biens qu'ils sont chargés de vendre ;

Les administrateurs, de ceux des communes ou des établissements publics confiés à leurs soins ;

Les officiers publics, des biens nationaux dont les ventes se font par leur ministère.

1597. Les juges, leurs suppléants, les magistrats remplissant le ministère public, les greffiers, huissiers, avoués, défenseurs officieux et notaires, ne peuvent devenir cessionnaires des procès, droits et actions litigieux qui sont de la compétence du tribunal dans le ressort duquel ils exercent leurs fonctions, à peine de nullité, et des dépens, dommages et intérêts.

Des Choses qui peuvent être vendues.

1598. Tout ce qui est dans le commerce peut être vendu lorsque des lois particulières n'en ont pas prohibé l'aliénation.

1599. La vente de la chose d'autrui est nulle : elle peut donner lieu à des dommages-intérêts lorsque l'acheteur a ignoré que la chose fût à autrui.

1600. On ne peut vendre la succession d'une personne vivante, même de son consentement.

1601. Si, au moment de la vente, la chose vendue était périe en totalité, la vente serait nulle.

Si une partie seulement de la chose est périe, il est au choix de l'acquéreur d'abandonner la vente, ou de demander la partie conservée, en faisant déterminer le prix par la ventilation.

De la Garantie.

1625. La garantie que le vendeur doit à l'acquéreur a deux objets : le premier est la possession paisible de la chose vendue; le second, les défauts cachés de cette chose ou les vices rédhibitoires.

De la Garantie en cas d'éviction.

1626. Quoique lors de la vente il n'ait été fait aucune stipulation sur la garantie, le vendeur est obligé de droit à garantir l'acquéreur de l'éviction qu'il souffre dans la totalité ou partie de l'objet vendu, ou des charges prétendues sur cet objet et non déclarées lors de la vente.

1627. Les parties peuvent, par des conventions particulières, ajouter à cette obligation de droit ou en diminuer l'effet ; elles peuvent même convenir que le vendeur ne sera soumis à aucune garantie.

1628. Quoiqu'il soit dit que le vendeur ne sera soumis à aucune garantie, il demeure cependant tenu de celle qui résulte d'un fait qui lui est personnel : toute convention contraire est nulle.

1629. Dans le même cas de stipulation de non garantie, le vendeur, en cas d'éviction, est tenu à la restitution du prix, à moins que l'acquéreur n'ait connu, lors de la vente, le danger de l'éviction, ou qu'il n'ait acheté à ses périls et risques.

1630. Lorsque la garantie a été promise, ou qu'il n'a rien été stipulé à ce sujet, si l'acquéreur est évincé, il a droit de demander contre le vendeur : 1° la restitution du prix ; 2° celle des fruits, lorsqu'il est obligé de les rendre au propriétaire qui l'évince ; 3° les frais faits sur la demande en garantie de l'acheteur, et ceux faits par le demandeur originaire ; 4° enfin les dommages et intérêts, ainsi que les frais et loyaux coûts du contrat.

1631. Lorsqu'à l'époque de l'éviction la chose vendue se trouve diminuée de valeur ou considérablement détériorée, soit par négligence de l'acheteur, soit par des accidents de force majeure, le vendeur n'en est pas moins tenu de restituer la totalité du prix.

1632. Mais, si l'acquéreur a tiré profit des dégradations par lui faites, le vendeur a droit de retenir sur le prix une somme égale à ce profit.

1633. Si la chose vendue se trouve avoir augmenté de prix à l'époque de l'éviction, indépendamment même du fait de l'acquéreur, le vendeur est tenu de lui payer ce qu'elle vaut au-dessus du prix de la vente.

1634. Le vendeur est tenu de rembourser ou de faire rembourser à l'acquéreur, par celui qui l'évince, toutes les réparations et améliorations utiles qu'il aura faites au fonds.

1635. Si le vendeur avait vendu de mauvaise foi le fonds d'autrui, il sera obligé de rembourser à l'acquéreur toutes les dépenses, même voluptuaires ou d'agrément, que celui-ci aura faites au fonds.

1636. Si l'acquéreur n'est évincé que d'une partie de la chose, et qu'elle soit de telle conséquence, relativement au tout, que l'acquéreur n'eût point acheté sans la partie dont il a été évincé, il peut faire résilier la vente.

1637. Si, dans le cas de l'éviction d'une partie du fonds vendu, la vente n'est pas résiliée, la valeur de la partie dont l'acquéreur se trouve évincé lui est remboursée suivant l'estimation à l'époque de l'éviction, et non proportionnellement au prix total de la vente, soit que la chose vendue ait augmenté ou diminué de valeur.

1638. Si l'héritage vendu se trouve grevé, sans qu'il ait été fait de déclaration, de servitudes non apparentes, et qu'elles soient de telle importance qu'il y ait lieu de présumer que l'acquéreur n'aurait pas acheté s'il en avait été instruit, il peut demander la résiliation du contrat, si mieux il n'aime se contenter d'une indemnité.

1639. Les autres questions auxquelles peuvent donner lieu les dommages et intérêts résultant pour l'acquéreur de l'inexécution de la vente, doivent être décidées suivant les règles générales établies au titre *des Contrats ou des Obligations conventionnelles en général.*

1640. La garantie pour cause d'éviction cesse lorsque l'acquéreur s'est laissé condamner par un jugement en dernier ressort, ou dont l'appel n'est plus recevable, sans appeler son vendeur, si celui-ci prouve qu'il existait des moyens suffisants pour faire rejeter la demande.

De la Garantie des Défauts de la Chose vendue.

1641. Le vendeur est tenu de la garantie à raison des défauts cachés de la chose vendue, qui la rendent impropre à l'usage auquel on la destine, ou qui diminuent tellement cet usage, que l'acheteur ne l'aurait pas acquise, ou n'en aurait donné qu'un moindre prix, s'il les avait connus.

1642. Le vendeur n'est pas tenu des vices apparents et dont l'acheteur a pû se convaincre lui-même.

1643. Il est tenu des vices cachés, quand même il ne les aurait pas connus, à moins que, dans ce cas, il n'ait stipulé qu'il ne sera obligé à aucune garantie.

1644. Dans le cas des articles 1641 et 1643, l'acheteur a le choix de rendre la chose et de se faire restituer le prix, ou de garder la chose et de se faire rendre une partie du prix, telle qu'elle sera arbitrée par experts.

1645. Si le vendeur connaissait les vices de la chose, il est tenu, outre la restitution du prix qu'il en a reçu, de tous les dommages et intérêts envers l'acheteur.

1646. Si le vendeur ignorait les vices de la chose, il ne sera tenu qu'à la restitution du prix, et à rembourser à l'acquéreur les frais occasionnés par la vente.

1647. Si la chose qui avait des vices a péri par suite de sa mauvaise qualité, la perte est pour le vendeur, qui sera tenu envers l'acheteur à la restitution du prix, et autres dédommagements expliqués dans les deux articles précédents.

Mais la perte arrivée par cas fortuit sera pour le compte de l'acheteur.

1648. L'action résultant des vices rédhibitoires doit être intentée par l'acquéreur, dans un bref délai, suivant la nature des vices rédhibitoires, et l'usage du lieu où la vente a été faite.

1649. Elle n'a pas lieu dans les ventes faites par autorité de justice.

Des Obligations de l'Acheteur.

1650. La principale obligation de l'acheteur est de payer le prix au jour et au lieu réglés par la vente.

1651. S'il n'a rien été réglé à cet égard lors de la vente, l'acheteur doit payer au lieu et dans le temps où doit se faire la délivrance.

1652. L'acheteur doit l'intérêt du prix de la vente jusqu'au paiement du capital dans les trois cas suivants :

s'il a été ainsi convenu lors de la vente, si la chose vendue et livrée produit des fruits ou autres revenus, si l'acheteur a été sommé de payer.

Dans ce dernier cas, l'intérêt ne court que depuis la sommation.

1653. Si l'acheteur est troublé ou a sujet de craindre d'être troublé par une action, soit hypothécaire, soit en revendication, il peut suspendre le paiement du prix jusqu'à ce que le vendeur ait fait cesser le trouble, si mieux n'aime celui-ci donner caution, ou à moins qu'il n'ait été stipulé que, nonobstant le trouble, l'acheteur paiera.

1654. Si l'acheteur ne paie pas le prix, le vendeur peut demander la résolution de la vente.

1655. La résolution de la vente d'immeubles est prononcée de suite, si le vendeur est en danger de perdre la chose et le prix.

Si ce danger n'existe pas, le juge peut accorder à l'acquéreur un délai plus ou moins long, suivant les circonstances.

Ce délai passé sans que l'acquéreur ait payé, la résolution de la vente sera prononcée.

1656. S'il a été stipulé lors de la vente d'immeubles que, faute de paiement du prix dans le terme convenu, la vente serait résolue de plein droit, l'acquéreur peut néanmoins payer après l'expiration du délai, tant qu'il n'a pas été mis en demeure par une sommation ; mais, après cette sommation, le juge ne peut pas lui accorder de délai.

1657. En matière de vente de denrées et effets mobiliers, la résolution de la vente aura lieu de plein droit et sans sommation, au profit du vendeur, après l'expiration du terme convenu pour le retirement.

De la Nullité et de la Résolution de la Vente.

1658. Indépendamment des causes de nullité ou de résolution déjà expliquées dans ce titre, et de celles qui sont communes à toutes les conventions, le contrat de vente peut être résolu par l'exercice de la faculté de rachat et par la vilité du prix.

De la Faculté de Rachat.

1659. La faculté de rachat ou de réméré est un pacte par lequel le vendeur se réserve de reprendre la chose vendue moyennant la restitution du prix principal et le remboursement dont il est parlé à l'art. 1673.

1660. La faculté de rachat ne peut être stipulée pour un terme excédant cinq années. Si elle a été stipulée pour un terme plus long, elle est réduite à ce terme.

1661. Le terme fixé est de rigueur et ne peut être prolongé par le juge.

1662. Faute par le vendeur d'avoir exercé son action de réméré dans le terme prescrit, l'acquéreur demeure propriétaire irrévocable.

1663. Le délai court contre toutes personnes, même contre le mineur, sauf, s'il y a lieu, le recours contre qui de droit.

1664. Le vendeur à pacte de rachat peut exercer son action contre un second acquéreur, quand même la faculté de réméré n'aurait pas été déclarée dans le second contrat.

1665. L'acquéreur à pacte de rachat exerce tous les droits de son vendeur ; il peut prescrire tant contre le véritable maître que contre ceux qui prétendraient des droits ou hypothèques contre la chose vendue.

1666. Il peut opposer le bénéfice de la discussion aux créanciers de son vendeur.

1667. Si l'acquéreur à pacte de réméré d'une partie indivise d'un héritage s'est rendu adjudicataire de la totalité sur une licitation provoquée contre lui, il peut obliger le vendeur à retirer le tout lorsque celui-ci veut user du pacte.

1668. Si plusieurs ont vendu conjointement, et par un seul contrat, un héritage commun entre eux, chacun ne peut exercer l'action en réméré que pour la part qu'il y avait.

1669. Il en est de même si celui qui a vendu seul un héritage a laissé plusieurs héritiers.

Chacun de ses co-héritiers ne peut user de la faculté de rachat que pour la part qu'il prend dans la succession.

1670. Mais, dans le cas des deux articles précédents, l'acquéreur peut exiger que tous les co-vendeurs ou tous les co-héritiers soient mis en cause, afin de se concilier entre eux pour la reprise de l'héritage entier ; et, s'ils ne se concilient pas, il sera renvoyé de la demande.

1671. Si la vente d'un héritage appartenant à plusieurs n'a pas été faite conjointement et de tout l'héritage ensemble, et que chacun n'ait vendu que la part qu'il y avait, ils peuvent exercer séparément l'action en réméré sur la portion qui leur appartenait, et l'acquéreur ne peut forcer celui qui l'exercera de cette manière à retirer le tout.

1672. Si l'acquéreur a laissé plusieurs héritiers, l'action en réméré ne peut être exercée contre chacun d'eux que pour sa part, dans le cas où elle est encore indivise, et dans celui où la chose vendue a été partagée entre eux.

Mais, s'il y a eu partage de l'hérédité, et que la chose vendue soit échue au lot de l'un des héritiers, l'action en réméré peut être intentée contre lui pour le tout.

1673. Le vendeur qui use du pacte de rachat doit rembourser non seulement le prix principal, mais encore les frais et loyaux coûts de la vente, les réparations nécessaires, et celles qui ont augmenté la valeur du fonds, jusqu'à concurrence de cette augmentation. Il ne peut entrer en possession qu'après avoir satisfait à toutes ces obligations.

Lorsque le vendeur rentre dans son héritage par l'effet du pacte de rachat, il le reprend exempt de toutes les charges et hypothèques dont l'acquéreur l'aurait grevé : il est tenu d'exécuter les baux faits sans fraude par l'acquéreur.

De la Rescision de la Vente pour cause de Lésion.

1674. Si le vendeur a été lésé de plus de sept douzièmes dans le prix d'un immeuble, il a le droit de demander la rescision de la vente, quand même il aurait expressément renoncé dans le contrat à la faculté de demander cette rescision, et qu'il aurait déclaré donner la plus-value.

1675. Pour savoir s'il y a lésion de plus de sept douzièmes, il faut estimer l'immeuble suivant son état et sa valeur au moment de la vente.

1676. La demande n'est plus recevable après l'expiration de deux années à compter du jour de la vente.

Ce délai court contre les femmes mariées et contre les absents, les interdits et les mineurs venant du chef d'un majeur qui a vendu.

Ce délai court aussi et n'est pas suspendu pendant la durée du temps stipulé pour le pacte du rachat.

1677. La preuve de la lésion ne pourra être admise que par jugement, et dans le cas seulement où les faits articulés seraient assez vraisemblables et assez graves pour faire présumer la lésion.

1678. Cette preuve ne pourra se faire que par un rapport de trois experts, qui seront tenus de dresser un seul procès-verbal commun, et de ne former qu'un seul avis à la pluralité des voix.

1679. S'il y a des avis différents, le procès-verbal en contiendra les motifs, sans qu'il soit permis de faire connaître de quel avis chaque expert a été.

1680. Les trois experts seront nommés d'office, à moins que les parties ne se soient accordées pour les nommer tous les trois conjointement.

1681. Dans le cas où l'action en rescision est admise, l'acquéreur a le choix, ou de rendre la chose en retirant le prix qu'il a payé, ou de garder le fonds en payant le supplément du juste prix, sous la déduction du dixième du prix total.

Le tiers possesseur a le même droit, sauf sa garantie contre son vendeur.

1682. Si l'acquéreur préfère garder la chose en fournissant le supplément réglé par l'article précédent, il doit l'intérêt du supplément du jour de la demande en rescision.

S'il préfère la rendre et recevoir le prix, il rend les fruits du jour de la demande.

L'intérêt du prix qu'il a payé lui est aussi compté du jour de la même demande, ou du jour du paiement, s'il n'a touché aucuns fruits.

1683. La rescision pour lésion n'a pas lieu en faveur de l'acheteur.

1684. Elle n'a pas lieu en toutes ventes qui, d'après la loi, ne peuvent être faites que d'autorité de justice.

1685. Les règles expliquées dans la section précédente pour les cas où plusieurs ont vendu conjointement ou séparément, et pour celui où le vendeur ou l'acheteur a laissé plusieurs héritiers, sont pareillement observées pour l'exercice de l'action en rescision.

LOIS RELATIVES AUX TRANSPORTS.

1689. Dans le transport d'une créance, d'un droit ou d'une action sur un tiers, la délivrance s'opère entre le cédant et le cessionnaire par la remise du titre.

1690. Le cessionnaire n'est saisi à l'égard des tiers que par la signification du transport faite au débiteur.

Néanmoins, le cessionnaire peut être également saisi par l'acceptation du transport faite par le débiteur dans un acte authentique.

1691. Si, avant que le cédant ou le cessionnaire eût signifié le transport au débiteur, celui-ci avait payé le cédant, il sera valablement libéré.

1692. La vente ou cession d'une créance comprend les accessoires de la créance, tels que caution, privilége et hypothèque.

1693. Celui qui vend une créance ou autre droit incorporé, doit en garantir l'existence au temps du transport, quoiqu'il soit fait sans garantie.

1694. Il ne répond de la solvabilité du débiteur que lorsqu'il s'y est engagé, et jusqu'à concurrence seulement du prix qu'il a retiré de la créance.

1695. Lorsqu'il a promis la garantie de la solvabilité du débiteur, cette promesse ne s'entend que de la solvabilité actuelle, et ne s'étend pas au temps à venir, si le cédant ne l'a expressément stipulé.

1696. Celui qui vend une hérédité sans en spécifier en détail les objets n'est tenu de garantir que sa qualité d'héritier.

1697. S'il avait déjà profité des fruits de quelque fonds ou reçu le montant de quelque créance appartenant à cette hérédité, ou vendu quelques effets de la succession, il est tenu de les rembourser à l'acquéreur, s'il ne les a expressément réservés lors de la vente.

1698. L'acquéreur doit de son côté rembourser au vendeur ce que celui-ci a payé pour les dettes et charges de la succession, et lui faire raison de tout ce dont il était créancier, s'il n'y a stipulation contraire.

1699. Celui contre lequel on a cédé un droit litigieux peut s'en faire tenir quitte par le cessionnaire, en remboursant le prix réel de la cession avec les frais et loyaux coûts, et avec les intérêts à compter du jour où le cessionnaire a payé le prix de la cession à lui faite.

1700. La chose est censée litigieuse dès qu'il y a procès et contestation sur le fond du droit.

1701. La disposition portée en l'article 1699 cesse : 1° dans le cas où la cession a été faite à un co-héritier ou co-propriétaire du droit cédé; 2° lorsqu'elle a été faite à un créancier en paiement de ce qui lui est dû ; 3° lorsqu'elle a été faite au possesseur de l'héritage sujet au droit litigieux.

LOIS RELATIVES AUX BAUX.

Des Règles communes aux Baux des Maisons et des Biens ruraux.

1714. On peut louer ou par écrit ou verbalement.

1715. Si le bail fait par écrit n'a encore reçu aucune exécution, et que l'une des parties le nie, la preuve ne peut être reçue par témoins, quelque modique qu'en soit le prix, et quoiqu'on allègue qu'il y a eu des arrhes données.

Le serment peut seulement être déféré à celui qui nie le bail.

1716. Lorsqu'il y aura contestation sur le prix du bail verbal dont l'exécution a commencé, et qu'il n'existera point de quittance, le propriétaire en sera cru sur son serment, si mieux n'aime le locataire demander l'estimation par experts ; auquel cas les frais de l'expertise restent à sa charge, si l'estimation excède le prix qu'il a déclaré.

1717. Le preneur a le droit de sous-louer, et même de céder son bail à un autre, si cette faculté ne lui a pas été inter-lite.

Elle peut être interdite pour le tout ou partie.

Cette clause est toujours de rigueur.

1718. Les articles du titre *du Contrat de Mariage et des Droits respectifs des Epoux*, relatifs aux baux des biens des femmes mariées sont applicables aux baux des biens des mineurs.

2719. Le bailleur est obligé, par la nature du contrat, et sans qu'il soit besoin d'aucune stipulation particulière :

1° De délivrer au preneur la chose louée ;

2° D'entretenir cette chose en état de servir à l'usage pour lequel elle a été louée ;

3° D'en faire jouir paisiblement le preneur pendant la durée du bail.

1720. Le bailleur est tenu de délivrer la chose en bon état de réparations de toute espèce.

Il doit y faire, pendant la durée du bail, toutes les réparations qui peuvent devenir nécessaires, autres que les locatives.

1721. Il est dû garantie au preneur pour tous les vices ou défauts de la chose louée qui en empêchent l'usage, quand même le bailleur ne les aurait pas connus lors du bail.

S'il résulte de ces vices ou défauts quelque perte pour le preneur, le bailleur est tenu de l'indemniser.

1722. Si, pendant la durée du bail, la chose louée est détruite en totalité par cas fortuit, le bail est résilié de plein droit ; si elle n'est détruite qu'en partie, le preneur peut, suivant les circonstances, demander, ou une diminution du prix, ou la résiliation même du bail. Dans l'un et l'autre cas, il n'y a lieu à aucun dédommagement.

1723. Le bailleur ne peut, pendant la durée du bail, changer la forme de la chose louée.

1724. Si, durant le bail, la chose louée a besoin de

réparations urgentes et qui ne puissent être différées jusqu'à sa fin, le preneur doit les souffrir, quelque incommodité qu'elles lui causent, et quoiqu'il soit privé, pendant qu'elles se font, d'une partie de la chose louée.

Mais, si ces réparations durent plus de quarante jours, le prix du bail sera diminué à proportion du temps et de la partie de la chose louée dont il aurait été privé.

Si les réparations sont de telle nature qu'elles rendent inhabitable ce qui est nécessaire au logement du preneur et de sa famille, celui-ci pourra faire résilier le bail.

1725. Le bailleur n'est pas tenu de garantir le preneur du trouble que des tiers apportent par voie de fait à sa jouissance, sans prétendre d'ailleurs aucun droit sur la chose louée, sauf au preneur à les poursuivre en son nom personnel.

1726. Si, au contraire, le locataire ou le fermier ont été troublés dans leur jouissance par suite d'une action concernant la propriété du fonds, ils ont droit à une diminution proportionnée sur le prix du bail à loyer ou à ferme, pourvu que le trouble et l'empêchement aient été dénoncés au propriétaire.

1727. Si ceux qui ont commis les voies de fait prétendent avoir quelque droit sur la chose louée, ou si le preneur est lui-même cité en justice pour se voir condamner au délaissement de la totalité ou de partie de cette chose, ou à souffrir l'exercice de quelque servitude, il doit appeler le bailleur en garantie, et doit être mis hors d'instance, s'il l'exige, en nommant le bailleur pour lequel il possède.

1728. Le preneur est tenu de deux obligations principales :

1° D'user de la chose louée en bon père de famille et suivant la destination qui lui a été donnée par le bail, ou suivant celle présumée d'après les circonstances, à défaut de convention ;

2° De payer le prix du bail aux termes convenus.

1729. Si le preneur emploie la chose louée à un autre usage que celui auquel elle a été destinée, ou dont il puisse résulter un dommage pour le bailleur, celui-ci peut, suivant les circonstances, faire résilier le bail.

1730. S'il a été fait un état des lieux entre le bailleur et le preneur, celui-ci doit rendre la chose telle qu'il l'a reçue, suivant cet état, excepté ce qui a péri ou a été dégradé par vétusté ou force majeure.

1731. S'il n'a pas été fait d'état des lieux, le preneur est présumé les avoir reçus en bon état de réparations locatives, et doit les rendre tels, sauf la preuve contraire.

1732. Il répond des dégradations ou des pertes qui arrivent pendant sa jouissance, à moins qu'il ne prouve qu'elles ont eu lieu sans sa faute.

1733. Il répond de l'incendie, à moins qu'il ne prouve :

Que l'incendie est arrivé par cas fortuit ou force majeure, ou par vice de construction ;

Ou que le feu a été communiqué par une maison voisine.

1734. S'il y a plusieurs locataires, tous sont solidairement responsables de l'incendie ; à moins qu'ils ne prouvent que l'incendie a commencé dans l'habitation de l'un d'eux, auquel cas celui-là seul en est tenu ; ou que quelques-uns ne prouvent que l'incendie n'a pu commencer chez eux, auquel cas ceux-là n'en sont pas tenus.

1735. Le preneur est tenu des dégradations et des pertes qui arrivent par le fait des personnes de sa maison ou de ses sous-locataires.

1736. Si le bail a été fait sans écrit, l'une des parties ne pourra donner congé à l'autre qu'en observant les délais fixés par l'usage des lieux.

1737. Le bail cesse de plein droit à l'expiration du terme fixé, lorsqu'il a été fait par écrit, sans qu'il soit nécessaire de donner congé.

1738. Si, à l'expiration des baux écrits, le preneur reste et est laissé en possession, il s'opère un nouveau bail dont l'effet est réglé par l'article relatif aux locations faites sans écrit.

1739. Lorsqu'il y a un congé signifié, le preneur, quoiqu'il ait continué sa jouissance, ne peut invoquer la tacite réconduction.

1740. Dans le cas des deux articles précédents, la caution donnée par le bail ne s'étend pas aux obligations résultant de la prolongation.

1741. Le contrat de louage se résout par la perte de la chose louée, et par le défaut respectif du bailleur et du preneur de remplir leurs engagements.

1742. Le contrat de louage n'est point résolu par la mort du bailleur ni par celle du preneur.

1743. Si le bailleur vend la chose louée, l'acquéreur ne peut expulser le fermier ou le locataire qui a un bail authentique ou dont la date est certaine, à moins qu'il ne se soit réservé ce droit par le contrat du bail.

1744. S'il a été convenu, lors du bail, qu'en cas de vente l'acquéreur pourrait expulser le fermier ou le locataire, et qu'il n'ait été fait aucune stipulation sur les dommages et intérêts, le bailleur est tenu d'indemniser le fermier ou le locataire de la manière suivante :

1745. S'il s'agit d'une maison, appartement ou boutique, le bailleur paie, à titre de dommages et intérêts, au locataire évincé une somme égale au prix du loyer pendant le temps qui, suivant l'usage des lieux, est accordé entre le congé et la sortie.

1746. S'il s'agit de biens ruraux, l'indemnité que le bailleur doit payer au fermier est du tiers du prix du bail pour tout le temps qui reste à courir.

1747. L'indemnité se réglera par experts, s'il s'agit de manufactures, usines ou autres établissements qui exigent de grandes avances.

1748. L'acquéreur qui veut user de la faculté réservée par le bail d'expulser le fermier ou le locataire en cas de vente est, en outre, tenu d'avertir le locataire au temps d'avance usité dans le lieu pour les congés. Il doit aussi avertir le fermier des biens ruraux au moins un an à l'avance.

1749. Les fermiers ou les locataires ne peuvent être expulsés qu'ils ne soient payés par le bailleur, ou, à son défaut, par le nouvel acquéreur, des dommages et intérêts ci-dessus expliqués.

1750. Si le bail n'est pas fait par acte authentique, ou n'a point de date certaine, l'acquéreur n'est tenu d'aucuns dommages et intérêts.

1751. L'acquéreur à pacte de rachat ne peut user de la faculté d'expulser le preneur, jusqu'à ce que, par l'expiration du délai fixé pour le réméré, il devienne propriétaire incommutable.

7

Des Règles particulières aux Baux à loyer.

1752. Le locataire qui ne garnit pas la maison de meubles suffisants peut être expulsé, à moins qu'il ne donne des sûretés capables de répondre du loyer.

1753. Le sous-locataire n'est tenu envers le propriétaire que jusqu'à concurrence du prix de sa sous-location dont il peut être débiteur au moment de la saisie, et sans qu'il puisse opposer des paiements faits par anticipation.

Les paiements faits par le sous-locataire, soit en vertu d'une stipulation portée en son bail, soit en conséquence de l'usage des lieux, ne sont pas réputés faits par anticipation.

1754. Les réparations locatives ou de menu-entretien dont le locataire est tenu, s'il n'y a clause contraire, sont celles désignées comme telles par l'usage des lieux, et, entre autres, les réparations à faire

Aux âtres, contre-cœurs, chambranles et tablettes des cheminées ; au recrépiment du bas des murailles des appartements et autres lieux d'habitation, à la hauteur d'un mètre ; aux pavés et carreaux des chambres, lorsqu'il y en a seulement quelques-uns de cassés ; aux vitres, à moins qu'elles ne soient cassées par la grêle, ou autres accidents extraordinaires ou de force majeure, dont le locataire ne peut être tenu ; aux portes, croisées, planches de cloison ou de fermeture de boutiques, gonds, targettes et serrures.

1755. Aucune des réparations réputées locatives n'est à la charge des locataires, quand elles ne sont occasionnées que par vétusté ou force majeure.

1756. Le curement des puits et celui des fosses d'aisances sont à la charge du bailleur, s'il n'y a clause contraire.

1757. Le bail des meubles fournis pour garnir une maison entière, un corps-de-logis entier, une boutique ou tous autres appartements, est censé fait pour la durée ordinaire des baux de maisons, corps-de-logis, boutiques et autres appartements, selon l'usage des lieux.

1758. Le bail d'un appartement meublé est censé fait à l'année quand il a été fait à tant par an ; au mois, quand il a été fait à tant par mois ; au jour, s'il a été fait à tant par jour.

S rien ne constate que le bail soit fait à tant par an, par mois ou par jour, la location est censée faite suivant l'usage des lieux.

1759. Si le locataire d'une maison ou d'un appartement continue sa jouissance après l'expiration du bail par écrit, sans opposition de la part du bailleur, il sera censé les occuper aux mêmes conditions pour le terme fixé par l'usage des lieux, et ne pourra plus en sortir ni en être expulsé qu'après un congé donné suivant le délai fixé par l'usage des lieux.

1760. En cas de résiliation par la faute du locataire, celui-ci est tenu de payer le prix du bail pendant le temps nécessaire à la relocation, sans préjudice des dommages et intérêts qui ont pu résulter de l'abus.

1761. Le bailleur ne peut résoudre la locaiton, encore qu'il déclare vouloir occuper par lui-même la maison louée, s'il n'y a eu convention contraire.

1762. S'il a été convenu dans le contrat de louage que le bailleur pourrait venir occuper la maison, il est tenu de signifier d'avance un congé aux époques déterminées par l'usage des lieux.

Des Règles particulières aux Baux à ferme.

1763. Celui qui cultive sous la condition d'un partage de fruits avec le bailleur ne peut ni sous-louer ni céder, si la faculté ne lui en a été expressément accordée par le bail.

1764. En cas de contravention, le propriétaire a droit de rentrer en jouissance, et le preneur est condamné aux dommages-intérêts résultant de l'inexécution du bail.

1765. Si dans un bail à ferme on donne aux fonds une contenance moindre ou plus grande que celle qu'ils ont réellement, il n'y a lieu à augmentation ou diminution du prix pour le fermier que dans les cas et suivant les règles exprimés au titre *de la Vente*.

1766. Si le preneur d'un héritage rural ne le garnit pas des bestiaux et des ustensiles nécessaires à son exploitation, s'il abandonne la culture, s'il ne cultive pas en bon père de famille, s'il emploie la chose louée à un autre usage que celui auquel elle a été destinée, ou, en général, s'il n'exécute pas les clauses du bail, et qu'il en résulte un dommage pour le bailleur, celui-ci peut, suivant les circonstances, faire résilier le bail.

En cas de résiliation provenant du fait du preneur, celui-ci est tenu des dommages et intérêts, ainsi qu'il est dit en l'art. 1764.

1767. Tout preneur de bien rural est tenu d'engranger dans les lieux à ce destinés d'après le bail.

1768. Le preneur d'un bien rural est tenu, sous peine de tous dépens, dommages et intérêts, d'avertir le propriétaire des usurpations qui peuvent être commises sur les fonds.

Cet avertissement doit être donné dans le même délai que celui qui est réglé en cas d'assignation suivant la distance des lieux.

1769. Si le bail est fait pour plusieurs années, et que, pendant la durée du bail, la totalité ou la moitié d'une récolte au moins soit enlevée par des cas fortuits, le fermier peut demander une remise du prix de sa location, à moins qu'il ne soit indemnisé par les récoltes précédentes.

S'il n'est pas indemnisé, l'estimation de la remise ne peut avoir lieu qu'à la fin du bail, auquel temps il se fait une compensation de toutes les années de jouissance.

Et cependant, le juge peut provisoirement dispenser le preneur de payer une partie du prix en raison de la perte soufferte.

1770. Si le bail n'est que d'une année, et que la perte soit de la totalité des fruits, ou au moins de la moitié, le preneur sera déchargé d'une partie proportionnelle du prix de la location.

Il ne pourra prétendre aucune remise, si la perte est moindre de moitié.

1771. Le fermier ne peut obtenir de remise lorsque la perte des fruits arrive après qu'ils sont séparés de la terre, à moins que le bail ne donne au propriétaire une quotité de la récolte en nature ; auquel cas le propriétaire doit supporter sa part de la perte, pourvu que le preneur ne fût pas en demeure de lui délivrer sa portion de récolte.

Le fermier ne peut également demander une remise,

lorsque la cause du dommage était existante et connue à l'époque où le bail a été passé.

1772. Le preneur peut être chargé des cas fortuits par une stipulation expresse.

1773. Cette stipulation ne s'entend que des cas fortuits ordinaires, tels que grêle, feu du ciel, gelée ou coulure.

Elle ne s'entend pas des cas fortuits extraordinaires, tels que les ravages de la guerre ou une inondation, auxquels le pays n'est pas ordinairement sujet, à moins que le preneur n'ait été chargé de tous les cas fortuits prévus ou imprévus.

1774. Le bail, sans écrit, d'un fonds rural est censé fait pour le temps qui est nécessaire afin que le preneur recueille tous les fruits de l'héritage affermé.

Ainsi, le bail à ferme d'un pré, d'une vigne et de tout autre fonds dont les fruits se recueillent en entier dans le cours de l'année, est censé fait pour un an.

Le bail des terres labourables, lorsqu'elles se divisent par soles ou saisons, est censé fait pour autant d'années qu'il y a de soles.

1775. Le bail des héritages ruraux, quoique fait sans écrit, cesse de plein droit à l'expiration du temps pour lequel il est censé fait, selon l'article précédent.

1776. Si, à l'expiration des baux ruraux écrits, le preneur reste et est laissé en possession, il s'opère un nouveau bail dont l'effet est réglé par l'article 1774.

1777. Le fermier sortant doit laisser à celui qui lu succède dans la culture les logements convenables e autres facilités pour les travaux de l'année suivante; e réciproquement, le fermier entrant doit procurer à celu qui sort les logements convenables et autres facilité pour la consommation des fourrages et pour les ré coltes restant à faire.

Dans l'un et l'autre cas, on doit se conformer à l'usage des lieux.

1778. Le fermier sortant doit aussi laisser les pailles et engrais de l'année, s'il les a reçus lors de son entrée en jouissance; et quand même il ne les aurait pas reçus, le propriétaire pourra les retenir suivant l'estimation.

LOIS RELATIVES AU SEQUESTRE.

1955. Le séquestre est ou conventionnel ou judiciaire.

1956. Le séquestre conventionnel est le dépôt fait par une ou plusieurs personnes d'une chose contentieuse entre les mains d'un tiers qui s'oblige de la rendre, après la contestation terminée, à la personne qui sera jugée devoir l'obtenir.

1957. Le séquestre peut n'être pas gratuit.

1958. Lorsqu'il est gratuit, il est soumis aux règles du dépôt proprement dit, sauf les différences ci-après énoncées.

1959. Le séquestre peut avoir pour objet, non seulement des effets mobiliers, mais même des immeubles.

1960. Le dépositaire chargé du séquestre ne peut être déchargé avant la contestation terminée que du consentement de toutes les parties intéressées, ou pour une cause jugée légitime.

1961. La justice peut ordonner le séquestre

1° Des meubles saisis sur un débiteur ;

2° D'un immeuble ou d'une chose mobilière dont la propriété ou la possession est litigieuse entre deux ou plusieurs personnes ;

3° Des choses qu'un débiteur offre pour sa libération.

1962. L'établissement d'un gardien judiciaire produit, entre le saisissant et le gardien, des obligations réciproques.

Le gardien doit apporter pour la conservation des effets saisis les soins d'un bon père de famille.

Il doit les représenter, soit à la décharge du saisissant, pour la vente, soit à la partie contre laquelle les exécutions ont été faites, en cas de main-levée de la saisie.

L'obligation du saisissant consiste à payer au gardien le salaire fixé par la loi.

1963. Le séquestre judiciaire est donné, soit à une personne dont les parties intéressées sont convenues entre elles, soit à une personne nommée d'office par le juge.

Dans l'un et l'autre cas, celui auquel la chose a été confiée est soumis à toutes les obligations qu'emporte le séquestre conventionnel.

LOIS RELATIVES AUX TRANSACTIONS.

2044. La transaction est un contrat par lequel les parties terminent une contestation née, ou préviennent une contestation à naître. Ce contrat doit être rédigé par écrit.

2045. Pour transiger, il faut avoir la capacité de disposer des objets compris dans la transaction.

Le tuteur ne peut transiger pour le mineur ou l'interdit que conformément à l'article 467, au titre de *la Minorité, de la Tutelle et de l'Émancipation*, et il ne peut transiger avec le mineur devenu majeur, sur le compte de tutelle, que conformément à l'article 472, au même titre.

Les communes et établissements publics ne peuvent transiger qu'avec l'autorisation expresse du roi.

2046. On peut transiger sur l'intérêt civil qui résulte d'un délit.

La transaction n'empêche pas la poursuite du ministère public.

2047. On peut ajouter à une transaction la stipulation d'une peine contre celui qui manquera de l'exécuter.

2048. Les transactions se renferment dans leur objet : la renonciation qui y est faite à tous droits, actions et prétentions, ne s'entend que de ce qui est relatif au différend qui y a donné lieu.

2049. Les transactions ne règlent que les différends qui s'y trouvent compris, soit que les parties aient manifesté leur intention par des expressions spéciales ou générales, soit que l'on reconnaisse cette intention par une suite nécessaire de ce qui est exprimé.

2050. Si celui qui avait transigé sur un droit qu'il avait de son chef acquiert ensuite un droit semblable du chef d'une autre personne, il n'est point, quant au droit nouvellement acquis, lié par la transaction antérieure.

2051. La transaction faite par l'un des intéressés ne lie point les autres intéressés et ne peut être opposée par eux.

2052. Les transactions ont entre les parties l'autorité de la chose jugée en dernier ressort.

Elles ne peuvent être attaquées pour cause d'erreur de droit ni pour cause de lésion.

2053. Néanmoins une transaction peut être rescindée lorsqu'il y a erreur dans la personne ou sur l'objet de la contestation.

Elle peut l'être dans tous les cas où il y a dol et violence.

2054. Il y a également lieu à l'action en rescision contre une transaction lorsqu'elle a été faite en exécution d'un titre nul, à moins que les parties n'aient expressément traité sur la nullité.

2055. La transaction faite sur pièces qui depuis ont été reconnues fausses est entièrement nulle.

2056. La transaction sur un procès terminé par un jugement passé en force de chose jugée, dont les parties ou l'une d'elles n'avaient point connaissance, est nulle.

Si le jugement ignoré des parties était susceptible d'appel, la transaction sera valable.

2057. Lorsque les parties ont transigé généralement sur toutes les affaires qu'elles pouvaient avoir ensemble, les titres qui leur étaient alors inconnus, et qui auraient été postérieurement découverts, ne sont point une cause de rescision, à moins qu'ils n'aient été retenus par le fait de l'une des parties.

Mais la transaction serait nulle, si elle n'avait qu'un objet sur lequel il serait constaté, par des titres nouvellement découverts, que l'une des parties n'avait aucun droit.

2058. L'erreur de calcul dans une transaction doit être réparée.

LOIS RELATIVES AUX TESTAMENTS.

967. Toute personne pourra disposer par testament, soit sous le titre d'institution d'héritier, soit sous le titre de legs, soit sous toute autre dénomination propre à manifester sa volonté.

968. Un testament ne pourra être fait dans le même acte par deux ou plusieurs personnes, soit au profit d'un tiers, soit à titre de disposition réciproque et mutuelle.

969. Un testament pourra être olographe, ou fait par acte public ou dans la forme mystique.

970. Le testament olographe ne sera point valable, s'il n'est écrit en entier, daté et signé de la main du testateur : il n'est assujetti à aucune autre forme.

De la Portion des Biens disponibles.

913. Les libéralités, soit par acte entre-vifs, soit par testament, ne pourront excéder la moitié des biens du disposant, s'il ne laisse à son décès qu'un enfant légitime ; le tiers, s'il laisse deux enfants ; le quart, s'il en laisse trois ou un plus grand nombre.

914. Sont compris dans l'article précédent, sous le nom d'*enfants*, les descendants en quelque degré que ce soit ; néanmoins ils ne sont comptés que pour l'enfant qu'ils représentent dans la succession du disposant.

915. Les libéralités par acte entre-vifs ou par testament ne pourront excéder la moitié des biens, si, à défaut d'enfant, le défunt laisse un ou plusieurs ascendants dans chacune des lignes paternelle et maternelle ; et les trois-quarts, s'il ne laisse d'ascendant que dans une ligne.

Les biens ainsi réservés au profit des ascendants seront par eux recueillis dans l'ordre où la loi les appelle à succéder ; ils auront seuls droit à cette réserve dans

7*

tous les cas où un partage en concurrence avec des collatéraux ne leur donnerait pas la quotité de biens à laquelle elle est fixée.

916. A défaut d'ascendants et de descendants, les libéralités par acte entre-vifs ou testamentaires pourront épuiser la totalité des biens.

917. Si la disposition par acte entre-vifs ou par testament est d'un usufruit ou d'une rente viagère dont la valeur excède la quotité disponible, les héritiers au profit desquels la loi fait une réserve auront l'option, ou d'exécuter cette disposition, ou de faire l'abandon de la propriété de la quotité disponible.

918. La valeur en pleine propriété des biens aliénés, soit à charge de rente viagère, soit à fonds perdu, ou avec réserve d'usufruit, à l'un des successibles en ligne directe, sera imputée sur la portion disponible ; et l'excédant, s'il y en a, sera rapporté à la masse. Cette imputation et ce rapport ne pourront être demandés par ceux des autres successibles en ligne directe qui auraient consenti à ces aliénations, ni, dans aucun cas, par les successibles en ligne collatérale.

919. La quotité disponible pourra être donnée en tout ou en partie, soit par acte entre-vifs, soit par testament, aux enfants ou autres successibles du donateur, sans être sujette au rapport par le donataire ou le légataire venant à la succession, pourvu que la disposition ait été faite expressément à titre de préciput ou hors part.

La déclaration que le don ou le legs est à titre de préciput ou hors part pourra être faite, soit par l'acte qui contiendra la disposition, soit postérieurement dans la forme des dispositions entre-vifs ou testamentaires.

920. Les dispositions, soit entre-vifs, soit à cause de mort, qui excéderont la quotité disponible, seront réductibles à cette quotité lors de l'ouverture de la succession.

LOIS RELATIVES AUX ECHANGES.

1702. L'échange est un contrat par lequel les parties se donnent respectivement une chose pour une autre.

1703. L'échange s'opère par le seul consentement, de la même manière que la vente.

1704. Si l'un des copermutants a déjà reçu la chose à lui donnée en échange, et qu'il prouve ensuite que l'autre contractant n'est pas propriétaire de cette chose, il ne peut pas être forcé à livrer celle qu'il a promise en contre-échange, mais seulement à rendre celle qu'il a reçue.

1705. Le copermutant qui est évincé de la chose qu'il a reçue en échange a le choix de conclure à des dommages et intérêts, ou de répéter sa chose.

1706. La rescision pour cause de lésion n'a pas lieu dans le contrat d'échange.

1707. Toutes les autres règles prescrites pour le contrat de vente s'appliquent d'ailleurs à l'échange.

LOIS RELATIVES AUX COMPTES DE TUTELLE.

470. Tout tuteur, autre que le père et la mère, peut être tenu, même durant la tutelle, de remettre au subrogé-tuteur des états de situation de sa gestion, aux époques que le conseil de famille aurait jugé à propos de fixer, sans néanmoins que le tuteur puisse être astreint à en fournir plus d'un chaque année.

Ces états de situation seront rédigés et remis, sans frais, sur papier non timbré et sans aucune formalité de justice.

471. Le compte définitif de tutelle sera rendu aux dépens du mineur lorsqu'il aura atteint sa majorité ou obtenu son émancipation. Le tuteur en avancera les frais.

On y allouera au tuteur toutes dépenses suffisamment justifiées et dont l'objet sera utile.

472. Tout traité qui pourra intervenir entre le tuteur et le mineur devenu majeur sera nul s'il n'a été précédé de la reddition d'un compte détaillé et de la remise des pièces justificatives ; le tout constaté par un récépissé de l'oyant-compte, dix jours au moins avant le traité.

473. Si le compte donne lieu à des contestations, elles sont poursuivies et jugées comme les autres contestations en matières civiles.

474. La somme à laquelle s'élèvera le reliquat dû par le tuteur portera intérêt, sans demande, à compter de la clôture du compte.

Les intérêts de ce qui sera dû au tuteur par le mineur ne courront que du jour de la sommation de payer qui aura suivi la clôture du compte.

475. Toute action du mineur contre son tuteur relativement aux faits de la tutelle se prescrit par dix ans, à compter de la majorité.

LOIS RELATIVES AUX OBLIGATIONS.

1899. Le prêteur ne peut pas redemander les choses prêtées avant le terme convenu.

1900. S'il n'a pas été fixé de terme pour la restitution, le juge peut accorder à l'emprunteur un délai suivant les circonstances.

1901. S'il a été seulement convenu que l'emprunteur paierait quand il le pourrait, ou quand il en aurait les moyens, le juge lui fixera un terme de paiement suivant les circonstances.

1902. L'emprunteur est tenu de rendre les choses prêtées en même quantité et qualité, et au terme convenu.

1903. S'il est dans l'impossibilité d'y satisfaire, il est tenu d'en payer la valeur eu égard au temps et au lieu où la chose devait être rendue d'après la convention.

Si ce temps et ce lieu n'ont pas été réglés, le paiement se fait au prix du temps et du lieu où l'emprunt a été fait.

1904. Si l'emprunteur ne rend pas les choses prêtées, ou leur valeur, au terme convenu, il en doit l'intérêt du jour de la demande en justice.

Du Prêt à intérêts.

1905. Il est permis de stipuler des intérêts pour simple prêt, soit d'argent, soit de denrées, ou autres choses mobilières.

1906. L'emprunteur qui a payé des intérêts qui n'étaient pas stipulés ne peut ni les répéter ni les imputer sur le capital.

1907. L'intérêt est légal ou conventionnel. L'intérêt légal est fixé par la loi. L'intérêt conventionnel peut excéder celui de la loi, toutes les fois que la loi ne le prohibe pas.

Le taux de l'intérêt conventionnel doit être fixé par écrit.

1908. La quittance du capital donnée sans réserve des intérêts en fait présumer le paiement et en opère la libération.

1909. On peut stipuler un intérêt moyennant un capital que le prêteur s'interdit d'exiger.

Dans ce cas, le prêt prend le nom de *constitution de rente*.

1910. Cette rente peut être constituée de deux manières, en perpétuel ou en viager.

1911. La rente constituée en perpétuel est essentiellement rachetable.

Les parties peuvent seulement convenir que le rachat ne sera pas fait avant un délai qui ne pourra excéder dix ans, ou sans avoir averti le créancier au terme d'avance qu'elles auront déterminé.

1912. Le débiteur d'une rente constituée en perpétuel peut être contraint au rachat :

1° S'il cesse de remplir ses obligations pendant deux années ;

2° S'il manque à fournir au prêteur les sûretés promises par le contrat.

1913. Le capital de la rente constituée en perpétuel devient aussi exigible en cas de faillite ou de déconfiture du débiteur.

1914. Les règles concernant les rentes viagères sont établies au titre *des Contrats aléatoires.*

LOIS RELATIVES AUX CAUTIONNEMENTS.

De la Nature et de l'Etendue du Cautionnement.

2011. Celui qui se rend caution d'une obligation se soumet envers le créancier à satisfaire à cette obligation, si le débiteur n'y satisfait pas lui-même.

2012. Le cautionnement ne peut exister que sur une obligation valable.

On peut néanmoins cautionner une obligation, encore qu'elle pût être annulée par une exception purement personnelle à l'obligé ; par exemple, dans le cas de minorité.

2013. Le cautionnement ne peut excéder ce qui est dû par le débiteur, ni être contracté sous des conditions plus onéreuses.

Il peut être contracté pour une partie de la dette seulement et sous des conditions moins onéreuses.

Le cautionnement qui excède la dette, ou qui est contracté sous des conditions plus onéreuses, n'est point nul : il est seulement réductible à la mesure de l'obligation principale.

2014. On peut se rendre caution sans ordre de celui pour lequel on s'oblige, et même à son insu.

On peut aussi se rendre caution, non seulement du débiteur principal, mais encore de celui qui l'a cautionné.

2015. Le cautionnement ne présume point ; il doit être exprès, et on ne peut pas l'étendre au-delà des limites dans lesquelles il a été contracté.

2016. Le cautionnement indéfini d'une obligation principale s'étend à tous les accessoires de la dette, même aux frais de la première demande, et à tous ceux postérieurs à la dénonciation qui en a été faite à la caution.

2017. Les engagements des cautions passent à leurs héritiers, à l'exception de la contrainte par corps, si l'engagement était tel que la caution y fût obligée.

2018. Le débiteur obligé à fournir une caution doit en présenter une qui ait la capacité de contracter, qui ait un bien suffisant pour répondre de l'objet de l'obligation, et dont le domicile soit dans le ressort de la cour royale où elle doit être donnée.

2019. La solvabilité d'une caution ne s'estime qu'eu égard à ses propriétés foncières, excepté en matière de commerce ou lorsque la dette est modique.

On n'a point égard aux immeubles litigieux, ou dont la discussion deviendrait trop difficile par l'éloignement de leur situation.

2020. Lorsque la caution reçue par le créancier, volontairement ou en justice, est ensuite devenue insolvable, il doit en être donné une autre.

Cette règle reçoit exception dans le cas seulement où la caution n'a été donnée qu'en vertu d'une convention par laquelle le créancier a exigé une telle personne pour caution.

De l'Effet du Cautionnement entre le Créancier et la Caution.

2021. La caution n'est obligée envers le créancier à le payer qu'à défaut du débiteur, qui doit être préalablement discuté dans ses biens, à moins que la caution n'ait renoncé au bénéfice de discussion, ou à moins qu'elle ne se soit obligée solidairement avec le débiteur : auquel cas l'effet de son engagement se règle par les principes qui ont été établis pour les dettes solidaires.

2022. Le créancier n'est obligé de discuter le débiteur principal que lorsque la caution le requiert sur les premières poursuites dirigées contre elle.

2023. La caution qui requiert la discussion doit indiquer au créancier les biens du débiteur principal, et avancer les deniers suffisants pour faire la discussion.

Elle ne doit indiquer ni des biens du débiteur principal situés hors de l'arrondissement de la cour royale du lieu où le paiement doit être fait, ni des biens litigieux, ni ceux hypothéqués à la dette qui ne sont plus en la possession du débiteur.

2024. Toutes les fois que la caution a fait l'indication de biens autorisés par l'article précédent et qu'elle a fourni les deniers suffisants pour la discussion, le créancier est, jusqu'à concurrence des biens indiqués, responsable, à l'égard de la caution, de l'insolvabilité du débiteur principal survenue par le défaut de poursuites.

2025. Lorsque plusieurs personnes se sont rendues cautions d'un même débiteur pour une même dette, elles sont obligées chacune à toute la dette.

2026. Néanmoins, chacune d'elles peut, à moins qu'elle n'ait renoncé au bénéfice de division, exiger que le créancier divise préalablement son action, et la réduise à la part et portion de chaque caution.

Lorsque, dans le temps où une des cautions a fait prononcer la division, il y en avait d'insolvables, cette caution est tenue proportionnellement de ces insolvabilités ; mais elle ne peut plus être recherchée à raison des insolvabilités survenues depuis la division.

2027. Si le créancier a divisé lui-même et volontairement son action, il ne peut revenir contre cette division, quoiqu'il y eût, même antérieurement au temps où il l'a consentie, des cautions insolvables.

De l'Effet du Cautionnement entre le Débiteur et la Caution.

2028. La caution qui a payé a son recours contre le

débiteur principal, soit que le cautionnement ait été donné au su ou à l'insu du débiteur.

Ce recours a lieu tant pour le principal que pour les intérêts et les frais. Néanmoins, la caution n'a de recours que pour les frais par elle faits depuis qu'elle a dénoncé au débiteur principal les poursuites dirigées contre elle. Elle a aussi recours pour les dommages et intérêts, s'il y a lieu.

2029. La caution qui a payé la dette est subrogée à tous les droits qu'avait le créancier contre le débiteur.

2030. Lorsqu'il y avait plusieurs débiteurs principaux solidaires d'une même dette, la caution qui les a tous cautionnés a contre chacun d'eux le recours pour la répétition du total de ce qu'elle a payé.

2031. La caution qui a payé une première fois n'a point de recours contre le débiteur principal qui a payé une seconde fois, lorsqu'elle ne l'a point averti du paiement par elle fait, sauf son action en répétition contre le créancier.

Lorsque la caution aura payé sans être poursuivie et sans avoir averti le débiteur principal, elle n'aura point de recours contre lui dans le cas où, au moment du paiement, ce débiteur aurait eu des moyens pour faire déclarer la dette éteinte, sauf son action en répétition contre le créancier.

2032. La caution, même avant d'avoir payé, peut agir contre le débiteur pour être par lui indemnisée :

1° Lorsqu'elle est poursuivie en justice pour le paiement ;

2° Lorsque le débiteur a fait faillite ou est en déconfiture ;

3° Lorsque le débiteur s'est obligé de lui rapporter sa décharge dans un certain temps ;

4° Lorsque la dette est devenue exigible par l'échéance du terme sous lequel elle avait été contractée ;

5° Au bout de dix années, lorsque l'obligation principale n'a point de terme fixe d'échéance, à moins que l'obligation principale, telle qu'une tutelle, ne soit pas de nature à pouvoir être éteinte avant un temps déterminé.

De l'Effet du Cautionnement entre les Cofidéjusseurs.

2033. Lorsque plusieurs personnes ont cautionné un même débiteur pour une même dette, la caution qui a acquitté la dette a recours contre les autres cautions, chacune pour sa part et portion ;

Mais ce recours n'a lieu que lorsque la caution a payé dans l'un des cas énoncés dans l'article précédent.

De l'Extinction du Cautionnement.

2034. L'obligation qui résulte du cautionnement s'éteint par les mêmes causes que les autres obligations.

2035. La confusion qui s'opère dans la personne du débiteur principal et de sa caution lorsqu'ils deviennent héritiers l'un de l'autre, n'éteint point l'action du créancier contre celui qui s'est rendu caution de la caution.

2036. La caution peut opposer au créancier toutes les exceptions qui appartiennent au débiteur principal et qui sont inhérentes à la dette; mais elle ne peut opposer les exceptions qui sont purement personnelles au débiteur.

2037. La caution est déchargée lorsque la subrogation aux droits, hypothèques et priviléges du créancier ne peut plus, par le fait de ce créancier, s'opérer en faveur de la caution.

2038. L'acceptation volontaire que le créancier a faite d'un immeuble ou d'un effet quelconque en paiement de la dette principale décharge la caution, encore que le créancier vienne à en être évincé.

2039. La simple prorogation de terme accordée par le créancier au débiteur principal ne décharge point la caution, qui peut, en ce cas, poursuivre le débiteur pour le forcer au paiement.

De la Caution légale et de la Caution judiciaire.

2040. Toutes les fois qu'une personne est obligée par la loi ou par une condamnation à fournir une caution, la caution offerte doit remplir les conditions prescrites par les art. 2018 et 2019.

Lorsqu'il s'agit d'un cautionnement judiciaire, la caution doit en outre être susceptible de contrainte par corps.

2041. Celui qui ne peut pas trouver une caution est reçu à donner à sa place un gage en nantissement suffisant.

2042. La caution judiciaire ne peut point demander la discussion du débiteur principal.

2043. Celui qui a simplement cautionné la caution judiciaire ne peut demander la discussion du débiteur principal et de la caution.

LOIS RELATIVES AU DÉPOT.

Le dépôt est un acte par lequel on reçoit la chose d'autrui, à la charge de la garder et de la restituer en nature.

Le dépôt doit être prouvé par écrit. La preuve testimoniale n'en est point reçue pour une valeur excédant 150 francs.

Le dépôt ne peut avoir lieu qu'entre personnes capables de contracter.

Néanmoins, si une personne capable de contracter accepte le dépôt fait par une autre personne incapable de contracter, elle est tenue de toutes les obligations d'un véritable dépositaire ; elle peut être poursuivie par le tuteur ou administrateur de la personne qui a fait le dépôt.

Si le dépôt a été fait par une personne capable à une personne qui ne l'est pas, la personne qui a fait le dépôt n'a que l'action de revendication de la chose déposée, tant qu'elle existe dans la main du dépositaire, ou une action en restitution, jusqu'à concurrence de ce qui a tourné au profit de ce dernier.

Le dépositaire doit apporter dans la garde de la chose déposée les mêmes soins qu'il apporte dans la garde des choses qui lui appartiennent.

Il doit rendre identiquement la chose même qu'il a reçue.

Ainsi le dépôt de sommes monnayées doit être rendu dans les mêmes espèces qu'il a été fait, soit dans le cas d'augmentation, soit dans le cas de diminution de leur valeur.

Le dépositaire ne doit restituer la chose déposée qu'à celui qui la lui a confiée, ou à celui au nom duquel le dépôt a été fait, ou à celui qui a été indiqué pour le recevoir.

Le dépôt doit être remis au déposant aussitôt qu'il le réclame, quand même le contrat aurait fixé un délai déterminé pour la restitution, à moins qu'il n'existe entre les mains du dépositaire une saisie-arrêt, ou une opposition à la restitution et au placement de la chose déposée.

Celui qui a fait le dépôt est obligé de rembourser au dépositaire les dépenses qu'il a faites pour la conservation de la chose déposée, et de l'indemniser de toutes les pertes que le dépôt peut lui avoir occasionnées.

FIN.

TABLE.

FIN DE LA TABLE.

REIMS, IMP. DE E. LUTON.

9 782019 320683